ケースで学ぶ
スポーツ栄養学

編集　清野隼

虎石真弥

山口太一

Sports
nutrition

みらい

執筆者一覧

編　者

清野隼（せいのじゅん）／筑波大学体育系・スマートウエルネスシティ政策開発研究センター

虎石真弥（とらいしまみ）／帝京大学スポーツ医科学センター

山口太一（やまぐちたいち）／酪農学園大学

執筆者（掲載順）

はじめに

　本書では、スポーツ現場での実践を意識することによって、初めてスポーツ栄養に触れる方でも、興味や関心をもって主体的に学びを深められることをめざしました。

　本書の特徴は、書名にもあるようにケース（事例）から学べるような展開、つまりスポーツ栄養に関連する起こりうるケースから、その理論につながるようにしたことです。アスリートは、様々な状況の中で自ら判断を行い、自律的に食行動を起こしていくことが求められます。そして、情報化社会は一層激しいスピードで進（深）化します。その中で、エビデンス（科学的根拠）に基づく適切な判断力と選択力が求められる背景も踏まえ、視座を広げ、あらゆる状況に応用できるように構成しました。

　第Ⅰ部では、学びを深める準備として、スポーツ栄養学の考え方を整理し、基本となるエネルギーや栄養素を網羅的にまとめました。

　第Ⅱ部では、スポーツや運動時における栄養素の役割をまとめ、必要量や補給方法、含まれる食品などを日常生活に活かすことができるよう解説しました。

　第Ⅲ部では、チームスポーツやジュニアアスリートなど、栄養サポートを行う上で特徴的な対象者を取り上げ、実際に食事提供を行う際の注意点や食事が提供されるまでの流れなどをまとめました。また、スポーツ医学やスポーツ科学などの領域の観点から、スポーツ栄養学との関連についても触れました。

　そして最後の第Ⅳ部では、暑熱対策や水分補給、腸内環境とコンディション、サプリメント（栄養補助食品）の活用など、生活の中でより身近なテーマを取り上げました。

　本書は、スポーツ栄養学の魅力に触れる第一歩となり、学習者のみなさんの自律的な食行動の実現に向けて、きっかけの１つになるものと思っております。そして、より多くの人にとって、健康で、幸せなスポーツライフに活かされることを心より願っております。

2022 年 7 月

編者一同

もくじ

＼第 II 部／スポーツにおける栄養素の役割

第3章　**炭水化物**

第4章　**たんぱく質**

第5章　**脂質**

第10章　スポーツ現場の食事提供と安全管理

第11章　スポーツ科学とスポーツ栄養学とのかかわり

第12章　スポーツ医学と栄養

第13章　暑熱対策

第14章　腸内環境とコンディション

第15章　サプリメントを適切に活用するために

第一部　スポーツ栄養とは

第 1 章 スポーツ栄養の考え方

なぜこの章を学ぶのですか？

生きる上で必要不可欠な食事。この食事のあり方は、身体活動や運動、そしてスポーツや社会の変化に応じて変わります。本章では、そのような応用学問として位置づけられているスポーツ栄養の考え方を学ぶことで、第2章以降の学習理解を深めることを目的とします。

第1章の学びのポイントは何ですか？

Caseを通してスポーツ栄養を学ぶ本書の導入として、スポーツと栄養の関係性や、スポーツ栄養の考え方、スポーツ栄養を実践していくための食行動の基礎を学ぶことがポイントとなります。スポーツにおける栄養の必要性を考えることも重要となります。

＼ 考えてみよう ／

① スポーツの中で、栄養が重要だと感じるのはどんなシーンか書き出してみよう。

② なぜ栄養が重要なのか、その理由を書き出してみよう。

1 スポーツ栄養を学ぶ前に

スポーツは世界共通の人類の文化であり、その意味や意義は非常に広義である。スポーツ栄養は、単にスポーツを身体活動や運動の変化だけで考えるのではなく、競技スポーツや生涯スポーツというスポーツそのものの特徴を踏まえて考える必要がある。

1 「スポーツ」と「栄養」

スポーツ基本法[*1]の前文によると、スポーツは「世界共通の人類の文化」であり、「心身の健全な発達、健康及び体力の保持増進、精神的な充足感の獲得、自律心その他の精神の涵養等のために個人又は集団で行われる運動競技その他の身体活動」[1)]とある。また、スポーツそのものには、青少年の体力向上や人格の形成、健康長寿社会や経済の発展、国際交流への寄与など、多岐にわたる意義や価値があることも示されている。特に第 3 期スポーツ基本計画[*2]では、スポーツを「する」「みる」「ささえる」だけではなく、「つくる／はぐくむ」視点や「あつまり」、「ともに」活動し、「つながり」を感じる視点を大切にし、すべての人がスポーツにアクセスできるような社会を実現する[2)]ことがスポーツ政策として掲げられている。このように、単にスポーツは心身によいものとしてとらえられるだけではなく、経済や国際交流、文化など政策においても大きな影響を及ぼすものである。

一方で、栄養（nutrition）も非常に広義である。栄養は、「体外から適当な物質を体内に取り入れ、消化・吸収して代謝を行い、これによって生成されるエネルギーを利用して、消費されたからだの成分を補うとともに、新たにこれを作り上げる活動」、すなわち「日常生活を営むこと」であり、食事などから取り入れる物質を栄養素（nutrient）という[3)]。

このようなスポーツと栄養が統合されたスポーツ栄養が網羅する範囲は、運動等により身体活動量の多いスポーツ愛好家や健康の保持・増進のために身体活動量を多くしている人から、専門的に競技スポーツを行っているアスリートまでである[4)]。したがって、スポーツ栄養は大変広義なスポーツの中でも、身体活動や運動に対してかかわる栄養素の補給（＝栄養補給）に着目し、スポーツを行う人々の目的を十分に考慮した上で、栄養がどう身体に活かされるのか追求する学問といえる。

*1　スポーツ基本法
スポーツに関する基本理念を定め、施策の基本となる事項を定めるもの。平成 23 年に法律第 78 号として公布。

*2　スポーツ基本計画
スポーツ基本法をもとに、スポーツに関する施策の重要な指針として位置づけられるもの。令和 4 年度から 8 年度までの 5 年間が第 3 期となる。

身体活動や運動を行う目的が、「パフォーマンスの発揮や向上」なのか、または「健康の維持や増進」なのかによって、身体的負荷やそれに伴う栄養補給は異なる。これをスポーツの側面でみると、競技スポーツと生涯スポーツに分かれると考えられる。文部科学省は、第3期スポーツ基本計画で、生涯にわたって自らスポーツに親しみ、スポーツを通じて「楽しさ」や「喜び」を感じる社会をつくることと、オリンピック・パラリンピック東京大会のスポーツ・レガシー継承と発展に向けた持続可能な国際競技力の向上を柱の1つとして掲げている。生涯にわたるスポーツ社会の実現と競技スポーツの発展は、同じスポーツとしてとらえながらも別々に目的があることを理解し、身体活動や運動を単純に一括りにスポーツとするのではなく、双方の視点から栄養を考えることが重要である。

（1）競技スポーツからとらえるスポーツ栄養

ロシアのスポーツ科学者 L.P. マトヴェーエフは、生涯スポーツの前身ともいえるみんなのスポーツ*3 の概念を踏まえて、あえて競技活動としてスポーツを別に定義している。競技活動は、「記録や成績の達成を目標とする独特の活動形態である競争形式であり、特定の競技種目で達成した結果を客観的に評価して個人の潜在能力を最大限に発揮させるもの」[5] である。このような特徴をもつスポーツを競技スポーツと本書ではとらえることとし、選手の潜在能力を最大限に発揮させることを目的とした栄養補給を検討することが、スポーツ栄養には求められる。その具体的な例を 表1-1 にまとめた。

競技スポーツにおけるスポーツ栄養の目的には、競技特性に応じたエネルギー補給や増量・減量、さらにグリコーゲンローディング*4 など、戦略的な内容がある。また、発揮するだけではなく、負荷のかかった身体へのダメージをリカバリー*5 することも重要な要素である。運動後の疲労や脱水状態からの早期リカバリーに向けた補給戦略、さらには腸内環境の調整や、骨折または貧血の予防、改善など、計画的なトレーニングを行う上で不可欠な要素も多い。 表1-1 の詳細は、これから本書を通して是非学びを深めてほしい。

（2）生涯スポーツからとらえるスポーツ栄養

スポーツ社会学者の佐伯は、生涯スポーツを「欧米にはない、わが国特有のもの」と述べている[6]。この生涯スポーツが生起された社会的背景を整理すると、生涯教育論*6 と学習社会論*7 がある。生涯教育論では「健康・体

*3 みんなのスポーツ
みんなのスポーツ (Sport for All) 憲章 (1975年) の第1条に「すべての個人は、スポーツを行う権利を有す」と規定された。

*4 グリコーゲンローディング
エネルギー源となる炭水化物を戦略的に補給して、貯蔵エネルギーとしてのグリコーゲンを蓄える補給方法（第3章 p.55 参照）。

*5 リカバリー
コンディショニングの観点から、補給だけではなく、アイシングやストレッチング、マッサージ、ケア、睡眠など多岐にわたって研究と実践が行われている領域である。

*6 生涯教育論
ユネスコの成人教育部長であったポール・ラングランが「技術革新によって生ずる急激な社会変化が継続する現代社会では、教育を学校期のみで終了することはできない」とし、生涯にわたって行われる必要があることを説いたもの。

*7 学習社会論
アメリカの「グレート・ブックス」(真の教養となる偉大な古典書) の編纂で著名なロバート・M・ハリンスが、人間の生涯は、個々人が成熟を求める人間的可能性の開発の過程であり、社会はそのような学習をすべての人に可能とするように構成されるべきであるという主張。

表 1-1　競技スポーツにおいて求められるスポーツ栄養の目的と内容の例

目的	内容
競技特性に応じたエネルギー補給	競技特性に応じたエネルギー代謝を理解し、即したエネルギー補給を行う
増量	主に除脂肪量を増加させるために、計画的にエネルギー出納を正にする
減量	主に除脂肪量を減少させるために、計画的にエネルギー出納を負にする
グリコーゲンローディング	持久系競技において、計画的にグリコーゲンの貯蔵量を増加させて試合に臨む
試合当日の栄養補給戦略	試合開始時間から逆算して、栄養補給のタイミングや内容、量を計画して試合に臨む
合宿、遠征における食環境整備	滞在するホテルや合宿所での食環境をマネジメントする
暑熱環境における栄養補給戦略	暑熱環境に対する栄養補給の対策を行う（水分補給、熱中症予防、深部体温の冷却など）
寒冷環境における栄養補給戦略	寒冷環境に対する栄養補給の対策を行う（エネルギー摂取量の増加、深部体温の上昇、ビタミン D 補給など）
適切なサプリメント活用（エルゴジェニックエイド）	競技パフォーマンス向上のエビデンスが報告されてあるサプリメントを選定し、利用する
適切なサプリメント活用（メディカル・ヘルス）	健康やコンディションを保つエビデンスが報告されてあるサプリメントを選定し、利用する
疲労のリカバリー	特に運動後、速やかに炭水化物とたんぱく質、アミノ酸を中心に補給し、枯渇したグリコーゲンを再補充する
腸内環境の調整	腸内環境の悪化に対して、食物繊維やプロバイオティクス等を含む食事を摂る
脱水の予防、改善	速やかに炭水化物や電解質を含む水分を補給し、脱水状態を予防、改善する
上気道感染の予防、改善	過剰な負荷による抵抗力の低下を予防し、栄養バランスの整った食事を摂る
利用可能エネルギー不足の予防、改善	炭水化物を中心に日々のエネルギー摂取量を少しずつ増やし、エネルギー消費量に見合った補給をする
骨折の予防、改善	予防も含めて、カルシウムなどのミネラル、ビタミン D、ビタミン K 等を含む食事を摂る
貧血の予防、改善	予防も含めて、炭水化物やたんぱく質、鉄、ビタミン C、ビタミン B 群等を含む食事を摂る
摂食障害の予防、改善	ドクターやスポーツ栄養士と連携をとりながら、身体面、心理面、栄養面を総合的にフォローする
食物アレルギー対策	特定の食品が原因で起こるアレルギー反応を未然に防ぐために、食環境をマネジメントする

　力的効用」が重視され、学習社会論では「人間的可能性の追求」が重視されることになるという。したがって、生涯スポーツには健康や体力の向上と、自己実現や自身の可能性の追求という、2 つの基本的な視点があるといえる。

　このような生涯スポーツは、「だれもが、その心身の状況に応じた運動・身体活動（遊び、軽スポーツ、スポーツ、レクリエーション、健康運動など）を、主体的・継続的に実践し、みずからの生・生活・人生（ライフ）をより豊かにしていこう」[7] という考え方である。この理念は、生涯スポーツにおけるスポーツ栄養を考える上で大変重要な観点である。特に競技スポーツにあった「競争条件」とはまったく異なり、「いつでも、どこでも、だれでも、なんでも、いつまでも」[7] というスローガンが示す通り、スポーツを通して豊かな一生を楽しく歩むことを掲げている。したがって、必然的に競技スポーツにおけるスポーツ栄養の目的とは異なり、「自分らしい」「豊かなスポーツライフ」を「エンジョイ」させることを目的とした栄養補給を検討すること

表 1–2 生涯スポーツにおいて求められるスポーツ栄養の目的と内容の例

目的	内容
身体の発育、発達 　－乳児・幼児・学童・思春期	各期の発育、発達の特徴に応じて、スポーツ活動に伴う適切な栄養補給を行う
スポーツ活動時の栄養補給	楽しく、安全にスポーツ活動を行うための適切な栄養補給を行う
健康の維持、増進	スポーツ活動が伴った上で、健康を維持、増進させるために必要な栄養素を含んだ栄養補給を行う
生活習慣病の予防、改善	スポーツ活動が伴った上で、肥満や脂質異常、高血圧などの生活習慣病を予防し、改善するための栄養補給を行う
低栄養状態の予防、改善	スポーツ活動が伴った上で、特に高齢者にみられる低栄養状態を予防し、改善するための栄養補給を行う
熱中症の予防	暑熱環境下や熱中症の危険性が伴う状況において、適切な水分補給を行い、事前に予防する
適切なサプリメントの選択と活用	サプリメントの可否も含めて、目的に応じて適切なサプリメントを選定し、活用する

が、スポーツ栄養には求められる。その具体的な例を 表1–2 にまとめた。生涯スポーツにおけるスポーツ栄養の目的は、具体的には、スポーツを楽しく安全に行うため、健康のため、熱中症の予防や生活習慣病などの疾病予防が挙げられる。

　本書の第2章以降では、このような多様なスポーツ栄養の正しい知識と適切な活用方法について、事例をもとにわかりやすく解説する。なお、本書が解説するスポーツ栄養の対象は、主に「競技スポーツ」を行うアスリートであることをここで記しておく。

2 スポーツ栄養を取り巻く社会と競技スポーツの変化

　スポーツ栄養は、広く社会に根づく学際的な観点からスポーツや健康と食をつなぐ分野として期待される。また、ハイパフォーマンススポーツも、高度で質の高い栄養サポートによって、競技力向上と人間力育成のダブルゴールの達成が求められる。この変化に対応できる栄養専門職や栄養サポートが必要である。

1 社会変革とスポーツ栄養

　わが国は SDGs アクションプラン 2021 を定め、SDGs（Sustainable Development Goals）[*8] を政策推進における不可欠な要素として位置づけている。学際的[*9] な応用領域であるスポーツ栄養は、この SDGs の達成に向けた社会変革の中でも密接にかかわっている。例えば、SDGs が掲げる17 のゴールのうち、3 番（保健）は「あらゆる年齢のすべての人々の健康的な生活を確保し、福祉を促進する」として生涯スポーツやヘルスケアに関

連してスポーツ栄養が寄与できる目標である。また、4 番（教育）は「すべての人に高い教育を提供し、生涯学習の機会を促進する」としてこれも生涯スポーツを通じて、スポーツ栄養に関する質の高い教育機会を提供することで寄与できる目標である。さらに、目標の 2 番（飢餓）に掲げられている「飢餓を終わらせ、食料安全保障及び栄養改善を実現し、持続可能な農業を推進する」では、新型コロナウイルス感染症（COVID-19）に伴うフードシステムへの影響による飢餓人口増加の可能性が危惧されている中、スポーツ栄養の知見を活かして子どもや社会的弱者も含めた万人が栄養豊富な食糧によって、栄養改善を実現できる取り組みが求められている。

　このような社会変革は、スポーツ栄養が単に身体活動や運動、スポーツを行う人々を対象にした学問にとどまることなく、広く社会に根づく学際的な観点から、新たにスポーツや健康と食をつなぐ分野として再考する必要性を示唆している。図 1-1 は、参考までに PEST 分析*10 によって、2030 年社会を見据えたインパクトを与え得る要因を整理したものである。この結果からも、スポーツ栄養は多様な社会変革への必要性と可能性を有していることが読み取れる。

図 1-1　2030 年社会を見据えたスポーツや健康、食に関連する PEST 分析

政治	経済
・SDGs の横断的推進 ・医療費、介護費増大→抑制 ・スポーツと社会の共生 　（第 2 期から第 3 期スポーツ基本計画へ） ・機能性表示食品増加 ・フレイル予防 　（健診、食事摂取基準見直し）	・経済成熟、低成長 ・COVID-19 の影響による不況、経済不安 ・オリンピック後の不況 ・働き方の自由化 　（時間、場所、副業、兼業等） ・健康経営 ・キャッシュレス
社会	技術
・少子高齢化　・単身世帯増加 ・人生 100 年時代　・健康寿命延伸 ・気候変動　・温暖化 ・SDGs の縦断的推進 ・資源不足 ・生活の低活動化 　（生活の利便性アップ、移動減など）	・5 〜 6G、AI、IoT などデジタルテクノロジー進化加速 ・ウェアラブルデバイスの普及 ・オンラインによる遠隔コミュニケーション 　（買物、会議、授業、診断等） ・遺伝子検査、ゲノムなど 　解析技術進化 ・医療技術進化 　（IPS、再生等）

＊8　SDGs
持続可能な開発目標として 2015 年 9 月の国連サミットで採択され、2030 年までに持続可能でよりよい世界をめざす国際目標として位置づけられた 17 のゴール・169 のターゲット。
地球上の「誰一人取り残さない(leave no one behind)」ことを誓っている。

＊9　学際的
複数の異なる領域にまたがっていること。

＊10　PEST 分析
アメリカの経営学者フィリップ・コトラーが提唱したマーケティング分析の手法。
政治（Politics）、経済（Economy）、社会（Society）、技術（Technology）の 4 つの観点から外部環境を分析し、その中に潜むプラス・マイナスのインパクトを与え得る要因を整理する際に用いられる。

2 ハイパフォーマンススポーツとスポーツ栄養

社会が変革する一方で、競技スポーツにおけるトップアスリートへのスポーツ医・科学サポートも同様に発展を遂げている。

競技スポーツの中でも、特にハイパフォーマンススポーツ[*11]における国際競技力の向上は、様々な専門性を高度化し、質を高めて、迅速に多くの機能を統合することが求められている[8]。さらに、複雑で曖昧なことが多く、予測不能なことと向き合う必要があるともされており[9,10]、幅広い関係者との間で決断が求められている[11]。このハイパフォーマンススポーツにおけるコーチングの全体像を、スポーツ医・科学サポートの側面からとらえたものが図1-2である。スポーツ栄養はこのような中で、質の高い栄養サポー

*11 ハイパフォーマンススポーツ
トップアスリートが、国際競技力の向上に特化して、スポーツに取り組む領域。

図1-2 ハイパフォーマンススポーツにおけるコーチングの概念図

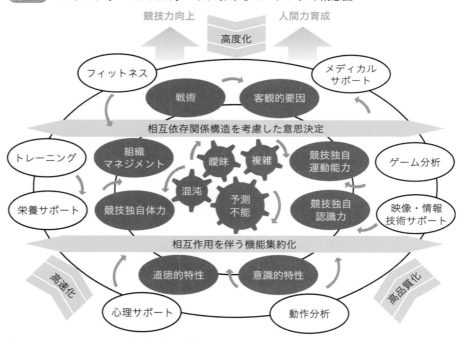

図1-2では、外枠の競技力のサポートを担うスポーツ医・科学（フィットネス、メディカルサポートなど）を下位要素[*12]とした。また、中枠には競技力の構造として、パフォーマンスに影響を及ぼすと考えられる要素（戦術、客観的要因など）を挙げた。それらの質の高さなどが求められる中で、多機能を集約し、予測が難しい状況で意思決定が行われるとして、中核に歯車がかみあわない様子で表した。最終的にこれらは、トップアスリートの競技力向上と人間力育成に寄与しなければならない。スポーツ栄養を駆使した栄養サポートは、この競技力向上と人間力育成に寄与する要素の1つである。

注 競技独自認識力…競技特有の空間や変化をとらえて認識する力。
　意識的特性………選手自身がどのような意識で行動を起こしていたか、その特性を表わすこと。
　道徳的特性………心構えや信念、集団性や心理的、文化的側面など道徳に関する特性を表わすこと。

出典 清野隼「ハイパフォーマンスコーチングにおける栄養サポートの在り方―競技力向上と人間力育成の観点から―」
　　　筑波大学博士学位論文　2021年　p.8

*12
コーチング学からとらえるスポーツ医・科学の領域間連携においては、「パフォーマンスを直接的に説明する上位要素からその原因を説明する下位要素へと、細分化しながら深化する」ことでそれぞれを活用できるとされている。
出典：日本コーチング学会編『コーチング学への招待』大修館書店2017年　p.333

トを実現し、競技力向上と人間力育成というコーチングのダブルゴール[12]の達成に寄与することが求められている。

3 スポーツ栄養の専門職の存在と役割、栄養サポートの必要性

ここまでは、競技スポーツやハイパフォーマンススポーツ、そして生涯スポーツや社会など、スポーツ栄養が密接にかかわる領域とその考え方を示してきた。本項では、栄養専門職と栄養サポートの必要性について整理する。

（1）管理栄養士・栄養士

管理栄養士は、厚生労働大臣の免許を受けた国家資格である。病気を患っている人や高齢で食事がとりづらくなっている人、健康な人など一人ひとりにあわせて専門的な知識と技術をもって栄養指導や給食管理、栄養管理を行う。栄養士は、都道府県知事の免許を受けた資格で、主に健康な人を対象にして栄養指導や給食の運営を行う。

ともに職業として期待される像は、栄養・食を通じて、人々の健康と幸福に貢献し、栄養学を学術的基礎とし、栄養・食を手段として、様々な人々の健康はもとより、より広義の well-being[*13] に寄与すること[13] である。

（2）公認スポーツ栄養士

公認スポーツ栄養士は、日本栄養士会および日本スポーツ協会の共同認定による資格である。管理栄養士の有資格者かつスポーツ栄養指導の経験が受講条件として必須である。公認スポーツ栄養士の役割は、地域でのスポーツ活動現場や都道府県レベルの競技者育成において、スポーツ栄養の知識をもつ専門家として、競技者の栄養・食事に関する自己管理能力を高めるための栄養教育や、食事環境の整備に関する支援等、栄養サポートを行うことである[13]。国際的には、アメリカスポーツ医学会とアメリカ栄養士会、カナダ栄養士会が合同声明としてスポーツ栄養士の役割や必要な能力を示している[14]。これは、管理栄養士に求められる内容と異なり、競技スポーツにおける内容が多岐にわたって定められている。

＊13　Well-being
個人の権利や自己実現が保障され、身体的、精神的、社会的に良好な状態にあることを意味する概念。

（3）栄養サポートの必要性と実践に向けた課題

　　表1-1 のように、潜在能力の最大限の発揮やリカバリーなど、コンディションを良好に保つためには、これらに関連する栄養サポートが重要であることは国際的に謳われている[14, 15, 16]。しかし、栄養サポートが有益であったという多数の報告に対し、アスリートが日々の練習の中で継続的にこれらの結果を実践しなければ無意味であるという見解もある[17]。実際にスポーツ栄養分野における出版物やガイドラインは増加しているものの、アスリートのスポーツ栄養に関するアドヒアランス*14 は低いことが頻繁に報告されている[18, 19, 20]。

　　結局は、これらの栄養サポートによって短期的に成果が得られたとしても、アスリート自身が自ら考え継続的に取り組めるようにならなければ、根本的な解決には至らないことを意味している。また、アスリートに食の自己管理を求めたところで、管理するために必要な資源（食事を準備する人や時間、お金、情報など）が不足している状態では限界がある。したがって、栄養サポートには、アスリートが自己決定していくための状況判断を行う知識の提供や教育を行っていくことが求められている。

＊14　アドヒアランス
目的を理解した上で自ら主体的に規則を遵守することであり、長期的に継続できる能力。

3　スポーツ栄養と食行動

　食育は知育、徳育及び体育の基礎となるべきものとして位置づけられ、スポーツを行うジュニア期においても重要であることが示されている。自ら重要性を理解して行動を起こすために、「動機づけ」や「自己調整」などの考え方と食を結びつけて考える必要がある。

1　食育とスポーツ

　　わが国では、2005（平成17）年に食育に関する法律として食育基本法が制定された（第9章 p.132 参照）。その前文では「子どもたちが豊かな人間性をはぐくみ、生きる力を身に付けていくためには、何よりも『食』が重要である」とし、食育を「生きる上での基本であって、知育、徳育及び体育の基礎となるべきもの」と位置づけ、様々な経験や学びを通して、将来健全な食生活を実践することができる力をはぐくむ重要性を述べている。

　　第4次食育推進計画*15 では、生涯を通じた心身の健康を支える食育と持続可能な食を支える食育を連携して推進する重点事項として定め、デジタル化など「新たな日常」に対応した分野横断的な政策を掲げている。また、目

＊15　食育推進計画
食育基本法をもとに、食育に関する施策の重要な指針として位置づけられるもの。令和3年度から第4次が開始。

第 1 章　スポーツ栄養の考え方

標の 1 つに朝食欠食率 0％を掲げている。特にスポーツを習慣的に行うジュニア期においては、朝食の指導などを含めた食育のニーズは高く、スポーツ栄養の重要性が高まっている[21]。

2 動機づけ

　食とスポーツのかかわりを理解し、自ら継続的に行動を起こすことは重要である。心理学では、人のやる気をモチベーション（動機づけ）としてとらえている。モチベーションとは、行動が起こり、維持され、方向づけられるプロセス全般を意味する[22]。この動機づけは、報酬を求めたり、罰を避けたりするために行動するといったような外発的動機づけと、自らの意思や、興味関心により行動が起こる内発的動機づけに分類される。例えば、食行動では、「食べることが部のルールだから」といったことが理由で起こる行動は外発的動機づけ、「補食を利用してエネルギー不足を回避しよう」といった自律的な行動は内発的動機づけ、ということである。

　この内発的動機づけを理解する上で自己決定理論[23, 24]は重要な概念である。これは、行動が起こる動機に着目し、自律性の程度により動機づけが連続的に変化するという考えに基づいた理論である。図 1-3 は、左から右に向かって、動機づけがより自己決定的であることを表わしている。これらの動

図 1-3　自己決定理論の概念

出典　Ryan RM, Deci EL:An overview of self-determination theory: An organismic-dialectical perspective. In:Deci EL and Ryan RM（Ed.）*Handbook of self-determination research*. University of Rochester Press :3-33,2002、Ryan RM, Deci EL : *Self-determination theory*:basic psychological needs in motivation, development and wellness, The Guilford Press, NewYork, 2017 をもとに筆者作成

機づけには連続性があるととらえられることが特徴である。無動機づけとは、まったく動機づけが生じていない状況であり、内発的動機づけは、興味や関心にあふれた自律的な状況である。報酬や強制によって行動が生じる外発的動機づけは、その調整スタイルによって、外的調整、取り入れ的調整、同一視的調整、統合的調整の4段階に分類されている。活動の価値を自身の目的とするほど、内的調整に近くなる。

この自己決定理論では、動機づけが内在化[*16]するために人間の基本的心理欲求があるとされている[25]。それらは、自律性、有能感、関係性の3つの欲求である。つまり、人は外発的に動機づけられたとしても、活動において自律性を確保できたり、賞賛を得たり、適切な支援や刺激を受けることで、自身の活動をより自己目的化できる。特にスポーツ栄養を実践する際に、「食事をなぜこれほど食べなければならないのか」「運動後の疲れているときになぜ食べなければならないのか」など、その理由がわからない中で強制されて食べる機会もあることが想定される。一方で、その理由を理解して、自ら行い、そしてチームで連携して徹底するという一連のプロセスをたどることによって、3つの基本的心理欲求が満たされ、自律的で内発的に動機づけされた行動につながることも考えられる。

＊16　内在化
活動の価値や、動機づけがより自律性の高いものに変容すること。

3 自己調整

行動を「学習」という観点でみると、学習者の行動が変わることは、何らかの経験を経て学びを得たあとで、これまでとは異なる変化がもたらされることを意味する。例えば、スポーツ栄養の場合では、コンディションの維持・増進や、競技力向上のために新しい食行動や栄養摂取方法を身につけるということがその1つである。このように、目標達成のために認知、情動、行動を自ら起こし、維持する過程を、自己調整（Self-regulation）という[26]。

学習者の行動が自律的に継続するモデルとしては、自己調整モデル[27]がある。学習者の自己調整過程と動機づけの信念が3つのサイクル段階（予見、遂行、自己内省）に区分されており、適切な目標設定により3つの段階が循環しながら継続していくことが特徴である（図1-4）。このモデルにおいても、人間の3つの基本的心理欲求の充足は、循環の継続に有効であることが明らかになっているため、栄養サポートを行う際はもちろん、指導者や支援者もこれらを意識したかかわりが重要である。

図 1-4　自己調整モデルの 3 つのサイクル段階

予見
学習の下準備の段階

目標を設定し、学習方略の計画を
立てる前提として、成し遂げるこ
とに対する自己効力感や課題への
興味を想定する作業。

自己内省
自己評価の段階

自分の努力に対して何らかの反応
が生じ、学習成果が目標に達した
か、あるいは基準をどの程度満た
したかを自己評価し、その要因を
考える作業。

遂行
学習の実行の段階

学習が実行に移されると同時に、
うまく遂行できるように集中した
り、順調に進んでいるかどうかを
確認、調整する作業。

4　食行動変容へとつながる栄養サポート

図 1-5 は、柔道オリンピックメダリストの食行動変容に影響を与えた要因
を概念化した図である。

中学生期は、「寮生活でごはんをたくさん食べる」という環境が取り入れ
的調整段階の「食事のプレッシャー」であった。しかし、試合に勝とうとす
る気持ちから、「必死に食べる」という内発的動機づけに内在化した。その後、
高校生時代に「食に関する気づき」や「自己認識の芽生え」が生じ、社会人
期では様々な内発的動機づけ概念が生じながらオリンピック出場を果たすこ
ととなる。また、統合的調整として「栄養指導」「栄養サポートの安心」「栄
養・食事サポートの重要性」という概念が生起しており、栄養士の存在やサ
ポートが選手の食行動変容に影響を与えていたことが明らかになっている[28]。

以上のように、人は興味や関心、自己目標をもつことで行動に価値を見出
し、より自律的に行動が生起する。食育は国民が生涯にわたって健全な心身
を培い、豊かな人間性をはぐくむために必要である。スポーツという楽しみ
や目標をもつことは、健康で最適な食行動を選択できる力を培う一助となり、
食育との調和につながるものと期待している。

図 1-5 食行動変容に影響を与えた要因の概念図

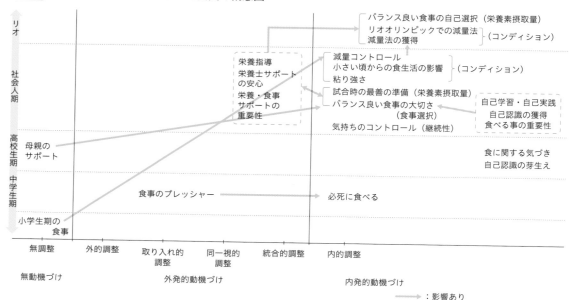

出典　大柴由紀・清野隼・尾縣貢「わが国の柔道リオオリンピックメダリストの食行動変容に影響を与えた要因」『体育学研究』第 65 巻　2020
年　p.717

引用文献

1 ）文部科学省「スポーツ基本法」
https://www.mext.go.jp/a_menu/sports/kihonhou/attach/1307658.html
2 ）文部科学省「第 3 期スポーツ基本計画」
https://www.mext.go.jp/sports/content/000021299_20220316_3.pdf
3 ）中野昭一・佐伯武頼・長尾陽子・寺尾保・内藤佳津子『栄養学総論―からだと栄養―』医歯薬出版
2002 年　pp.1-4
4 ）日本スポーツ栄養学会監修『エッセンシャルスポーツ栄養学』市村出版　2020 年　pp.1-2
5 ）L.P. マトヴェーエフ著・渡邊謙監訳『スポーツ競技学』ナップ　2003 年　pp.15-20
6 ）佐伯年詩雄監修『スポーツプロモーション論』明和出版　2006 年　pp.2-15
7 ）井上俊・菊幸一編著『よくわかるスポーツ文化論』ミネルヴァ書房　2012 年　pp.168-169
8 ）和久貴洋「スポーツ科学の最前線」『現代スポーツ評論』34　2016 年　pp.89-97
9 ）Bowes I and Jones RL: Working at the edge of chaos: Understanding coaching as a complex, interpersonal system. Sport. *Psychol.* 20: 235-245, 2006
10）Jones RL et al: Complex practice in coaching: Studying the chaotic nature of coach-athlete interactions. In. J. Lyle. & C. Cushion. (Eds.), *Sports coaching*, *Professionalism and practice.* London : 15-26, 2010
11）Mallett CJ: Quality coaching, learning and coach development. *Japanese Journal of Sport Education Studies.* 30: 51-62, 2011
12）図子浩二「コーチングモデルと体育系大学で行うべき一般コーチング学の内容」『コーチング学研究』第 27 巻第 2 号　2014 年　pp.149-161
13）日本栄養改善学会「管理栄養士・栄養士養成のための栄養学教育モデル・コア・カリキュラム」
http://jsnd.jp/core01.html
14）Thomas DT et al: American college of sports medicine joint position statement; Nutrition and athletic performance. *Med Sci Sports Exerc.* 48: 543-568, 2016
15）Burke LM et al: Contemporary nutrition strategies to optimize performance in distance runners and race walkers. Int. *J Sport Nutr Exerc Metab.* 29: 117-129, 2019
16）International Olympic Committee: IOC consensus statement on sports nutrition 2010. *J Sports Sci.* 29: S3-S4, 2011
17）Meghan RN et al: Sports nutrition interventions: A systematic review of behavioural strategies used to promote dietary behaviour change in athletes. *Appetite.* 150 : 104645, 2020
18）Ali A et al: Assessment of nutritional knowledge, dietary habits and nutrient intake of university student athletes. *Pak J Nutr.* 14: 293-296, 2015
19）Ghloum K and Hajji S: Comparison of diet consumption, body composition and lipoprotein lipid values of Kuwaiti fencing players with international norms. *J Int Soc Sports Nutr.* 8: 8-13, 2011
20）Krempien JL and Barr SI: Risk of nutrient inadequacies in elite Canadian athletes with spinal cord injury. Int. *J Sport Nutr Exerc Metab.* 21: 417-425, 2011

21）日本オリンピック委員会「トップアスリート育成・強化支援のための追跡調査」報告書　第 1 報　2017 年

22）鹿毛雅治『モチベーションをまなぶ 12 の理論』金剛出版　2017 年　p.4

23）Ryan RM and Deci EL:An overview of self-determination theory: An organismic-dialectical perspective. In:Deci EL and Ryan RM（Ed.）*Handbook of self-determination research*. University of Rochester Press :3-33, 2002

24）Ryan RM and Deci EL: *Self-determination theory*:basic psychological needs in motivation, development and wellness, The Guilford Press, NewYork, 2017

25）Ryan RM ans Deci EL: Self-determination theory and the facilitation of intrinsic motivation, social development, and well-being, *Am Psychol*. 55 : 68-78, 2000

26）Zimmerman BJ: A social cognitive view of self-regulated academic learning. *Journal of Educational Psychology*. 81（3）: 329-339, 1989

27）Zimmerman BJ:Attaining self-regulation :A social cognitive perspective.*Handbook of self-regulation*.Academic Press: Orlando, FL: 13-39, 2000

28）大柴由紀・清野隼・尾縣貢「わが国の柔道リオオリンピックメダリストの食行動変容に影響を与えた要因」『体育学研究』第 65 巻　2020 年　pp.705-721

参考文献

外務省「SDGs アクションプラン 2021」
　https://www.mofa.go.jp/mofaj/gaiko/oda/sdgs/pdf/SDGs_Action_Plan_2021.pdf

WHO・FAO：SUSTAINABLE HEALTHY DIETS GUIDING PRINCIPLES（2019）
　http://www.fao.org/3/ca6640en/ca6640en.pdf

世界最先端デジタル国家創造宣言・官民データ活用推進基本計画（2020）
　https://www.kantei.go.jp/jp/singi/it2/kettei/pdf/20200717/siryou1.pdf

厚生労働省「健康日本 21（第二次）」
　https://www.mhlw.go.jp/stf/seisakunitsuite/bunya/kenkou_iryou/kenkou/kenkounippon21.html

内閣府「第 6 期科学技術・イノベーション基本計画」
　https://www8.cao.go.jp/cstp/kihonkeikaku/6honbun.pdf

農林水産省「食育基本法」
　https://www.maff.go.jp/j/syokuiku/pdf/kihonho_27911.pdf

農林水産省「第 4 次食育推進基本計画」
　https://www.maff.go.jp/j/press/syouan/hyoji/attach/pdf/210331_35-6.pdf

学びの確認

（　　　　　）に入る言葉を考えてみよう。

①スポーツは、世界共通の（　　　　　　　　）である。

②栄養は、体外から適当な物質を取り入れ、消化・吸収して（　　　　　）を行い、これによって生成されるエネルギーを利用して、消費されたからだの成分を補うとともに、新たにこれを作り上げる活動、すなわち（　　　　　　　　　　）である。

③競技スポーツにおいて求められるスポーツ栄養の目的には、主に競技特性に応じたエネルギー補給、（　　　　　）、（　　　　　）、グリコーゲンローディングなどがある。

④生涯スポーツにおいて求められるスポーツ栄養の目的には、主にスポーツを楽しく安全に行うため、健康のため、（　　　　　　　　）、疾病予防などがある。

⑤ハイパフォーマンスコーチングにおけるスポーツ栄養は、質の高い栄養サポートを実現し、（　　　　　　）と（　　　　　　　）というダブルゴールの達成に寄与することが求められている。

⑥管理栄養士・栄養士の期待される像として、栄養・食を通じて、人々の（　　　　）と（　　　　）に貢献することが掲げられている。

⑦公認スポーツ栄養士の役割は、地域でのスポーツ活動現場や都道府県レベルの競技者育成において、スポーツ栄養の知識をもつ専門家として、競技者の栄養・食事に関する（　　　　　　　　）を高めるための栄養教育や、食事環境の整備に関する支援等、栄養サポートを行うことである。

⑧食育基本法では、食育を（　　　　　　　　　）であって、知育、徳育、及び体育の基礎となるべきものと位置づけている。

⑨自己決定理論における人間の基本的心理欲求には、（　　　　　）、（　　　　　）、関係性の 3 つがある。

⑩自己調整とは、目標達成のために（　　　　　）、（　　　　　）、行動を自ら起こし、維持する過程である。

第2章 スポーツ栄養の基本

なぜこの章を学ぶのですか？

　私たちが生きていくために必要な「食べる」ことが、身体を動かすこととどのように関連するかを理解することが、スポーツ栄養の基礎として必要だからです。

第2章の学びのポイントは何ですか？

　まずはスポーツ栄養を学ぶ上での基礎的な知識を習得すること、そしてそれが私たちの身体づくりとどのように結びつくのかを理解することです。

考えてみよう

① 私たちがどのような食事をとればよいのかを考える上で、必要なことは何だろうか？

② 栄養素と身体づくりの関係を考えてみよう。

1 エネルギーとは何か

エネルギーは、生命機能の維持のほか、筋肉の収縮や弛緩による身体活動を行うのに必要である。さらにアスリートの身体づくりを考える上での基本となることから、その過不足は、競技パフォーマンスへ影響を及ぼす。

1 エネルギーバランス

生体にとってのエネルギーは、全身機能の維持や身体活動に必要である。エネルギーの多くは熱へと変わることから、エネルギー量は熱量の単位であるジュール（J）で表わされる。なお、栄養学的にはカロリー（cal）という単位が用いられるが、cal が表わすエネルギー量がわずかであることから一般的には、キロカロリー（kcal）単位が使用される。

日常の飲食により、体にエネルギーを取り入れることを「エネルギー摂取」、身体活動などにより体のエネルギーを使うことを「エネルギー消費」という。アスリートが体重コントロールをうまく行うには、このエネルギー摂取とエネルギー消費の状態を適正に調整することが大切である。

このようなエネルギーのバランスは、「エネルギー摂取量－エネルギー消費量」で定義することができ、成人においては、エネルギーバランスの結果が、体重の変化と体格（Body Mass Index：BMI）となる。

エネルギー摂取量がエネルギー消費量を上回る状態（正のエネルギーバランス）では体重は増加し、エネルギー消費量がエネルギー摂取量を上回る状態（負のエネルギーバランス）では体重は減少する（図 2-1）。

エネルギー摂取量が少ない状態や運動によるエネルギー消費量が増加している場合などで負のエネルギーバランスを生じやすく、成長、免疫機能、生

図 2-1　エネルギーバランス

正のエネルギーバランス
体重・BMI 増加

負のエネルギーバランス
体重・BMI 減少

理機能、骨代謝など様々な健康障害を引き起こす要因となる[1]。したがってスポーツ現場では、日常的に体重測定やBMIから評価を行い、エネルギーバランスを把握することが望ましい。

2 1日の総エネルギー消費量の内訳

　1日の総エネルギー消費量は、基礎代謝量、食事誘発性熱産生、活動時代謝量からなり（図2-2）、呼気ガスを採取して測定することで算出できる。

図2-2　1日の総エネルギー消費量の内訳

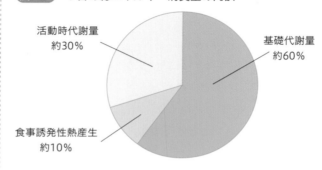

（1）基礎代謝量

　心臓の拍動の維持、体温の調節、神経活動などヒトが生きていく上で必要最低限のエネルギー量を基礎代謝量という。総エネルギー消費量の約60％を占める。早朝空腹時（約12時間以上の絶食）、安静仰臥位・覚醒状態で筋肉の緊張を最小限にした状態、さらに快適な室温で心身ともにストレスのない状態で測定される。

　基礎代謝量は、年齢、性、体格、体温、季節（外気温）、月経周期などが影響し、アスリートのように骨格筋量が多い対象者では、年齢、性別、身長、体重が同じ一般の人と比べると基礎代謝量は大きくなる。

（2）食事誘発性熱産生

　食事の際、咀嚼（噛むこと）をはじめとする食物の消化や吸収などのために、内臓の活動によって消費するエネルギーのことを食事誘発性熱産生という。食べることでエネルギーを消費し、安静にしていても数時間にわたりエネルギー消費が亢進する。食事誘発性熱産生によるエネルギー消費量は、総エネルギー消費量の約10％を占める。特に、エネルギーを構成する栄養素（たんぱく質・脂質・炭水化物）のうち、たんぱく質については、消化や吸収に

大きなエネルギーを要することから、摂取したエネルギー量のうち約 30 ％が食事誘発性熱産生として消費される（脂質は約 4 ％、炭水化物は約 10 ％）。

（3）活動時代謝量

　活動時代謝量には、運動によるエネルギー消費量、運動以外（家事や労働などの生活活動など）によるエネルギー消費量、運動後の代謝亢進がある。活動時代謝量は総エネルギー消費量の約 30 ％を占める。

3 エネルギー消費量の推定

　エネルギー消費量の推定には、二重標識水法[*1]、心拍数法[*2]、加速度計法[*3]、要因加算法、身体活動レベルを用いた方法がある。これらの実用には、各測定方法の利点、欠点を理解した上で対象者に適した方法を選択しなければならない。心拍数法や加速度計法などは測定機器を装着するため、測定できる競技種目は限られる。ここでは測定機器を必要としない方法について解説する。

（1）要因加算法

　要因加算法は、本人もしくは観察（記録）者が記録した生活活動と身体活動の内容から、運動時の全酸素消費量が安静時の酸素消費量の何倍かを示す METs（metabolic equivalents）を用い、消費エネルギーを推定する。

　要因加算法の実用には、身体活動（内容や強度）や記録の正確性などの影響を受け、実際の総エネルギー消費量と比べ、過小評価となる可能性があることを理解する必要がある。

　各身体活動のエネルギー消費量は、以下の式で算出する。

各身体活動のエネルギー消費量（kcal）= METs ×体重（kg）×時間（h）× 1.05

　各身体活動の METs については 表2-1 のほか、国立健康・栄養研究所のホームページに掲載されている改訂版『身体活動のメッツ（METs）表』を参考にするとよい。

＊ 1　二重標識水法
水素と酸素の安定同位体である ^{2}H と ^{18}O の濃度を高めた試験用の水を飲み、生体試料を採取しながら長期間のエネルギー消費量を測定する方法。

＊ 2　心拍数法
心拍数が酸素消費量と相関関係にあることを利用したもので心拍数からエネルギー消費量を推定する方法。

＊ 3　加速度計法
圧抵抗または圧電力のセンターを有し、1 軸（上下）または 3 軸（上下・左右・前後）の加速度の変化をモニターし、エネルギー消費量に換算する方法。

表 2-1　各身体活動の METs

身体活動	METs
ストレッチ	2.3
普通の歩行（平地、67 m/ 分）	3.0
速歩（平地、95 ～ 100 m/ 分）	4.0
ウェイトトレーニング（レジスタンストレーニング）	6.0
ジョギング（全般）	7.0
自転車エルゴメーター（全般）	7.0
バスケットボール	7.3
マラソン	13.3

出典　国立健康・栄養研究所「改訂版『身体活動のメッツ（METs）表』」2012 年から抜粋

（2）身体活動レベルからの推定

　身体活動レベル（Physical Activity Level:PAL）とは、1 日のエネルギー消費量を基礎代謝量（kcal/日）で除した値である。一般的に、スポーツ現場などで簡便にエネルギー必要量を推定する方法として、 表 2-2 の基礎代謝量の推定式で基礎代謝量を推定し、以下の式を用いて、競技種目や期分け[*4]（トレーニング[*5]内容）に応じた PAL を代入する。

表 2-2　アスリートの基礎代謝量の推定式

JISS 式[2)]	28.5（kcal/kg 除脂肪量/日）×除脂肪量（kg）
田口らの式[3) ※]	26.9（kcal/kg 除脂肪量/日）×除脂肪量（kg）＋ 36

※女性アスリート

$$1 日のエネルギー消費量（kcal/日）＝基礎代謝量（kcal/日）× PAL$$

　日本人アスリートには 表 2-3 で示す PAL が用いられているが、競技種目やトレーニング内容によっては個人差が大きく、実際のエネルギー消費量との誤差が生じやすい。一般の人では、体重が一定の状態であれば、エネルギー摂取量はエネルギー消費量と等しいという考えのもと、日本人の食事摂取基準[*6]では、推定エネルギー必要量は、総エネルギー消費量の推定値から求める方法が採用されている。しかし、スポーツ現場においては、推定値を参考として、定期的に体重および体組成測定を行うとともに、アスリート個々の競技パフォーマンスからの評価を行いながらエネルギー摂取量の調整を行う必要がある。

表 2-3　種目別分類別の身体活動レベル（PAL）

種目カテゴリー	期分け	
	オフシーズン期	通常練習期
持久系	1.75	2.50
瞬発系	1.75	2.00
球技系	1.75	2.00
その他	1.50	1.75

出典　小清水孝子・柳沢香絵・樋口満「スポーツ選手の推定エネルギー必要量」『トレーニング科学』第 17 巻第 4 号
　　　2005 年　pp.245-250 をもとに筆者作成

2　消化器と身体活動

　消化器は、食物の消化・吸収を行う器官の総称であり、食物に含まれる栄養素を体内に取り入れる重要な働きを担う。したがって消化器は、身体活動に必要な筋肉づくりや筋肉を動かすエネルギー源をつくり出す過程と密接に関連する。

1　消化器と食べもののゆくえ

　食道、胃、小腸、大腸などの消化管、唾液腺、肝臓、胆のう、膵臓などの付属器官を消化器と呼ぶ（**図 2-3**）。

　摂取した食物は、口腔内で咀嚼されて細かく砕かれ、唾液によって炭水化物の一部が分解される。このように、体内に取り込みやすい小さな分子になるまで大きな分子を切断することを消化という。また、体内での反応によって物質が変化することを代謝という。その後、食道を通って胃へ移送された食物は、胃液と混じることで、たんぱく質の一部が消化される。消化された食物は、十二指腸へと送られ、膵液、胆汁、小腸の粘膜から分泌される腸液によって、炭水化物、たんぱく質、脂質の消化が行われ、肝臓へと運ばれる。

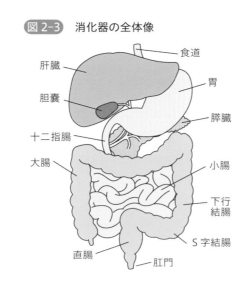

図 2-3　消化器の全体像

食道
肝臓
胃
胆嚢
膵臓
十二指腸
大腸
小腸
下行結腸
S字結腸
直腸
肛門

＊7　蠕動運動
腸管の入り口側が収縮
し、肛門側が弛緩して、
喫食した内容物を先へ
押し出していく運動の
ことで、主に腸の内容
物を移動させる働きの
こと。

また食物の水分は、小腸および大腸で吸収され、便が形成される。便は、下行結腸からS字結腸に溜まり、その後、腸の蠕動運動＊7で直腸へ移動し、肛門から排出される。

2 身体活動とのかかわり

（1）消化管

消化管における消化・吸収は、内臓血流量や自律神経の影響を受ける。スポーツ現場でみられる運動時の腹痛や吐き気といった症状もその一例である。高強度の運動下では、交感神経の亢進に伴い、骨格筋の血流量が増大し、内臓血流量が大幅に減少する（図2-4）。そのため、消化液の分泌や消化管における各運動が低下し、消化・吸収機能の低下を招く。このことから、身体活動前の飲食は、食物の消化時間を考えた選択が必要となる。

図 2-4　高強度運動時における血流量変化のイメージ

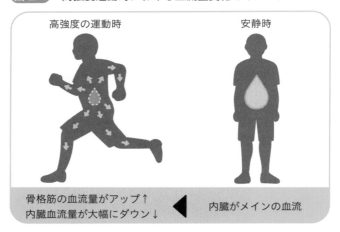

（2）膵臓・肝臓

膵臓および肝臓は、体内における炭水化物の代謝にかかわり、筋肉への十分なエネルギー供給を行うことで身体活動を支えている。

身体活動の主なエネルギー源となる炭水化物を利用するには、食物が消化・吸収された後、血液中のグルコース（ブドウ糖）を筋細胞内へ取り込む必要がある。さらに身体活動を継続するには、身体活動によって低下した血液中のグルコースに対し、肝臓に貯蔵しているグリコーゲンを分解し供給する。

血液中のグルコースレベルの維持に関与するのが、膵臓から分泌されるホルモンのインスリンとグルカゴンである。インスリンは、血液中から肝臓、

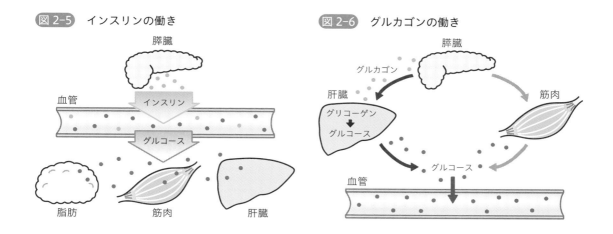

図 2-5　インスリンの働き

図 2-6　グルカゴンの働き

筋肉、脂肪細胞へのグルコースの取り込みを増加させ、エネルギー源として利用できるようにするほか、グリコーゲンや中性脂肪として貯蔵する（図 2-5）。一方でグルカゴンは、肝臓や筋肉細胞から血液中にグルコースを放出する（図 2-6）。

　身体活動前には、筋肉および肝臓に十分なグリコーゲンを貯蔵しておくことが競技パフォーマンスの維持および筋疲労を抑制することにつながる。また肝臓は、炭水化物以外にも、乳酸やアミノ酸などから合成することによっても一定量のグルコースを供給することができる。

3　五大栄養素と身体づくりの関係

　私たちの身体は食物に含まれる栄養素を材料としてつくられている。つまり、なりたい身体を手に入れるには、栄養素の働きを理解した上で、その栄養素を含む食物を上手に摂取できる食事計画が必要である。

　五大栄養素と身体づくりの関係を、図 2-7 に示す。それぞれの役割については、「エネルギー源となるもの」「身体の構成成分となるもの」「身体の機

図 2-7　五大栄養素と身体づくりの関係

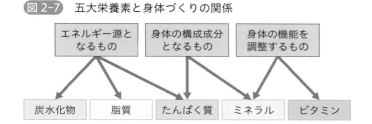

能を調整するもの」といった３つのカテゴリーに分けて考えるとわかりやすい。例えば、エネルギー源となるものは、脂質、たんぱく質、炭水化物と３つの栄養素が関連する。このように、１つの働きを担う栄養素は複数あり、それらが相互的に機能することで、ヒトの身体づくりは成り立っていることを理解しなければならない。なお、エネルギー源となるたんぱく質、脂質、炭水化物のことをエネルギー産生栄養素という。

炭水化物

炭水化物は、ヒトの消化酵素で消化されてエネルギー源となる糖質（易消化性炭水化物）と、ヒトの消化酵素では消化できない食物繊維（難消化性炭水化物）がある。炭水化物は、１ｇあたり４ kcal のエネルギー量を産生するが、その主な役割は身体活動のエネルギー源だけではなく、グルコース（ブドウ糖）しかエネルギー源として利用できない脳、神経組織、赤血球など、生体にとって重要なエネルギー源となる。一方、食物繊維は、腸内細菌による発酵分解によってエネルギーを産生するが、その量は一定ではなく１ｇあたり０〜２ kcal と考えられている。このように食物繊維はエネルギー源としての役割はほとんどなく、生活習慣病の発症率などとの関連がある。

炭水化物は、単糖あるいはそれを最小構成単位とする重合体である。図 2-8 に炭水化物、糖質、糖類の定義を示す。糖類とは、単糖類もしくは少糖類といった分子量の小さい糖のことで、嗜好品や嗜好飲料に使用されるブドウ糖、果糖、ショ糖である。これらの過剰摂取は、肥満や虫歯の原因となることが知られており、世界保健機構（World Health Organization：WHO）では、その摂取量に関する勧告を出している[8]。なお糖質は、多糖

＊8　糖類の摂取量
WHO では糖類を総エネルギー量の 10％未満、望ましくは 5％未満の摂取量にとどめることを推奨しているが、わが国では目標量を設定していない。

図 2-8　炭水化物、糖質、糖類

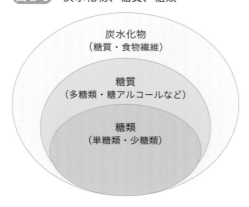

類（白米に含まれるデンプンやマルトデキストリンなど）や糖アルコール（虫歯になりにくいキシリトール、ソルビトールなど）のことをさす。つまり糖類と糖質では、健康への影響はまったく異なる。

2 たんぱく質

　ヒトの身体は、約 60％が水分、約 15 ～ 20％がたんぱく質でできている。このことからも、水分を除いた場合、約半分がたんぱく質でできていることがわかる。このようにたんぱく質は、ヒトの身体をつくる主要な構成成分となるほか、酵素やペプチドホルモン、神経伝達物質などの材料となる。たんぱく質は、1 g あたり 4 kcal のエネルギー量を産生する栄養素であるが、主な役割はヒトの身体をつくる構成成分であることから、たんぱく質の不足は、種々の疾病や障害を招く原因となる。

　体内のたんぱく質は、常に合成と分解が繰り返されており、その量は一定に保たれている（動的平衡）。たんぱく質は、ほかの栄養素から体内で合成することができないため、必ず食事から摂取しなければならない。つまり動的平衡を保つには、日頃からたんぱく質を十分に含む食事を摂ることが必要であることがわかる。特に高強度の身体活動を行う場合やレジスタンストレーニング（第 11 章 p.152 参照）などを行う場合には、より多くのたんぱく質量が必要となる。

　体重 80 kg の場合、1 日に白米（飯）600 g、卵 100 g（2 個）、納豆50 g（1 パック）、豆腐 150 g（1/2 丁）、魚 160 g（2 切）、肉 200 g、普通牛乳 500 mL を使用したメニュー構成で、体重 1 kg あたり 1.7 g/日のたんぱく質を摂取することができる（図 2-9）。つまり普通の食事内容であれば、

図 2-9　体重 80 kg の場合のたんぱく質摂取のイメージ

図 2-10　必須アミノ酸

必須アミノ酸
(Essential Amino Acid：EAA)

ヒスチジン　トレオニン　メチオニン　トリプト
ファン　フェニル
アラニン　バリン　ロイシン　イソロイシン　リシン

たんぱく質を多く含んだ栄養補助食品などを積極的に使用する必要はないということがわかる。栄養補助食品は、内臓機能の低下により食事でたんぱく質が思うように摂れない場合などに上手に活用することをおすすめしたい。ここで重要なのは、摂取したたんぱく質すべてが身体づくり（筋たんぱく質合成）に使われるわけではなく、余剰のたんぱく質は尿中へ排出されるほかに、体脂肪として蓄えられてしまうということである。たんぱく質は摂れば摂るほど、ヒトの身体づくりに有効ではないことを覚えておこう。

　ヒトの身体を構成するたんぱく質は、20 種類のアミノ酸からできており、そのうち 9 種類は、体内で合成できないため必須アミノ酸（Essential Amino Acids：EAA）と呼ばれている（図 2-10）。この必須アミノ酸がどのように食品に含まれているかによって、食品のたんぱく質の質を評価するアミノ酸スコアがある。一般的に、動物性食品（肉、魚介類、卵など）では、アミノ酸スコアで高値を示すことから良質のたんぱく質とみなされる。一方、植物性食品（精白米、小麦粉、とうもろこしなど）では低値を示す。食事内容を考える際には、ご飯やパンといった主食だけでなく、おかずとなる動物性食品を組み合わせることで、食事全体のたんぱく質の質を高めることにつながる（第 4 章参照）。

3　脂質

　脂質は、水に溶けず、有機溶媒（エーテルやクロロフォルムなど）に溶ける化合物である。脂質には、脂肪酸、中性脂肪、リン脂質、糖脂質、ステロール類がある。脂質は、細胞膜の構成成分となる。また脂質は、1 g あたり 9 kcal のエネルギー量を産生する栄養素で、たんぱく質や炭水化物の 2 倍以上のエネルギー量を産生する。したがって、身体活動に必要なエネルギー量が多いアスリートにとっては、重量あたりのエネルギー量を多くもつ脂質の利用によって、食事のカサを減らすことができるため、食事そのものの負担を軽減できるという利点がある。一方、脂質の過剰摂取は、体脂肪量の増

図 2-11　脂肪酸の種類

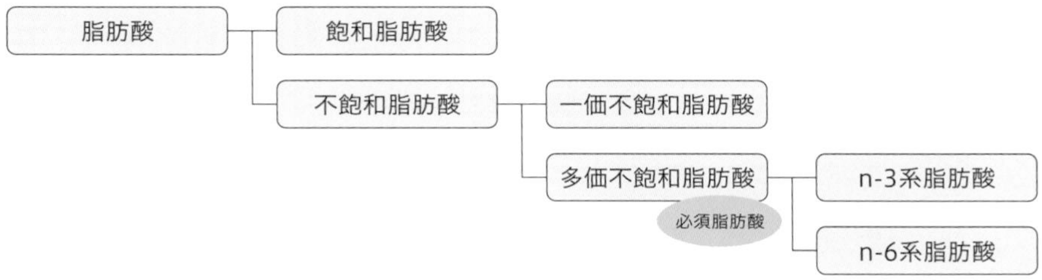

加を招く。脂質は、油脂（調理油、肉の脂など）のほか、乳製品、魚、卵、大豆製品など多くの食品に含まれているため、実際の摂取量を正確に把握するには栄養計算を行う必要がある。

　日常摂取している脂質の大部分は、中性脂肪であり、その主な構成成分である脂肪酸の違いにより、飽和脂肪酸と不飽和脂肪酸（一価不飽和脂肪酸、多価不飽和脂肪酸）に分類される（**図 2-11**）。このうち、植物油や魚油に含まれる多価不飽和脂肪酸の n-3 系脂肪酸と n-6 系脂肪酸は、体内で合成することができない必須脂肪酸である。一方、飽和脂肪酸は、牛脂や乳脂肪などに多く含まれており、その摂りすぎは、肥満、高 LDL コレステロール血症、循環器疾患などの危険因子となることから摂取に関しては注意したい脂質といえる（第 5 章参照）。

　なお、重量級のアスリートにおいては、競技パフォーマンスの向上のために、体重維持や増量を目的として、意図的に食事量を増やした結果、肥満や脂質代謝異常を呈しやすい[4]。アスリートの健康面を考える上でも、身体組成の変化だけに着目するのではなく、脂質摂取（量や内容など）についても慎重に検討したい。

4　ビタミン・ミネラル

（1）ビタミン

　ビタミンは、たんぱく質、脂質、炭水化物とは異なり、エネルギー源としての働きはないものの、微量でヒトの身体を円滑に機能させるのに不可欠な有機化合物である。ミネラルとともにたんぱく質、脂質、炭水化物の働きをサポートし、身体の機能を調節するのに欠かせない。ビタミンは、一部を除き、体内でつくることができないため、食事から摂る必要がある。水溶性ビタミン 9 種類（ビタミン B_1、ビタミン B_2、ビタミン B_6、ビタミン B_{12}、葉酸、パントテン酸、ビオチン、ナイアシン、ビタミン C）、脂溶性ビタミン 4 種

図 2-12 ビタミンの種類

類（ビタミン A、ビタミン D、ビタミン E、ビタミン K)の計 13 種類ある（図 2-12）。水溶性ビタミンは、摂りすぎたとしても尿や汗などから排出される。一方で、脂溶性ビタミンは、水に溶けず、尿中に排泄されにくい。したがって、過剰に摂取した場合には、体内に蓄積して健康障害の原因となりやすいため、摂取には注意が必要である。

（2）ミネラル

たんぱく質、脂質、炭水化物を利用するには、消化や吸収、分解、合成といった様々な化学反応によってヒトにあう形につくり変えなければならない。ミネラルは、この一連の化学反応を調節する栄養素である。ヒトの身体に存在する元素のうち、炭素、水素、窒素といったたんぱく質、脂質、炭水化物、ビタミンなどの有機化合物を構成する元素を除いたもので無機質ともいう。ミネラルは、代謝に不可欠な働きを担うため、ビタミンとともにたんぱく質、脂質、炭水化物の働きをサポートし、身体の機能を調節する。したがってミネラルの不足は身体全体の不調を招く原因となる。ヒトの身体に必須のミネラルのうち、体内に多く存在するものを多量ミネラル（カルシウム、リン、ナトリウム、マグネシウム、カリウム）、またわずか 1％程度しか存在しないが欠かすことができない微量ミネラル（鉄、亜鉛、銅、マンガン、クロム、ヨウ素、モリブデン、セレン）がある（図 2-13）。

図 2-13 ミネラルの種類

4 食べ方の基本

　アスリートが、健康維持・増進はもちろんのこと、身体づくりや疲労のリカバリーのための具体的な食事を考えることは重要である。したがって基本的な栄養素を理解した上で、日々の食生活に落とし込むためのノウハウを習得することが求められる。

1 栄養バランスを整える基本的な考え方

　スポーツに関係する栄養素の摂取について、国際オリンピック委員会は「多くの種類の普通の食品から必要なエネルギーを摂れば、練習や試合に必要な炭水化物、たんぱく質、脂質、そして微量栄養素がとれる」と述べている[5]。このようにアスリートにとっても、基本的な食事こそ重要であることがわかる。

　そこでアスリートでも、簡単に栄養バランスを整える方法として「アスリートの食事の基本型」がある（図2-14）。これは、①主食（ご飯、パン、麺類、いも類など）、②主菜（肉、魚、卵、大豆製品など）、③副菜（野菜類、いも類、きのこ類）、④乳・乳製品、⑤果物の5つの食品グループをそろえることで、栄養バランスのよい食事をつくることができるというものである。実際、この基本型に基づき、これまでの食生活をふりかえることで、足りているもの、足りないものを把握することもでき、より明確な改善点が見つかる。さらに、合宿先とのメニュー調整を行う場合や、海外遠征など不慣れな場所での食事や調理を行う場合などにも活用することができる。

図 2-14　アスリートの食事の基本型

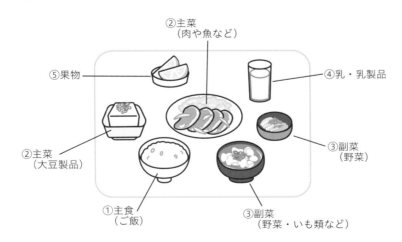

またアスリートは、増量や減量といった体重コントロールに伴い、食事量の増減を行うことも少なくない。このような場合にも、まずは基本型をそろえた上で、使用する食材（食品）の選択および調理法の検討を行うとよい。

具体的な食品の栄養価については、食品成分表[9]を用いて調べる方法もあるが、該当する食品とその重量を入力するだけで簡単に栄養価の計算ができるウェブサイト（食品成分データベース[10]）も活用したい。自身の食事内容を把握する簡便なツールとしておすすめする。

2　食事のタイミング

1日の食事計画を行う上で、朝食・昼食・夕食における食事量の配分は、競技特性、トレーニング内容、トレーニングや試合当日のタイムテーブルに応じた調整が必要となる。例えば早朝にトレーニングが予定されている場合、起床後すぐの食事が思うように摂れないことがある。そのような場合には、トレーニング前、トレーニング後のタイミングを利用して、1回あたりの摂取量を減らし、回数を増やすことで、いつもの朝食分を確保するといった方法もある（図2-15）。この場合も、アスリートの食事の基本型を参考に食品選択すると偏りなく摂ることができる。このように、個人の置かれている状況に応じて、1回の食事量や1日あたりの食事回数などを調整するとよい。

＊9　食品成分表
正式名称は日本食品標準成分表。文部科学省科学技術・学術審議会資源調査分科会（食品成分委員会）が作成する、日常的に摂取する食品（加工済み含む）の栄養成分に関する基礎データを収載したもの。

＊10　食品成分データベース
文部科学省が日本食品標準成分表2020年版（八訂）をデータソースとして、食品成分に関するデータをインターネットを通じて提供しているもの。
https://fooddb.mext.go.jp/
食品成分データベース

図 2-15　早朝トレーニング日の食事例

トレーニング

軽食①

・鮭やたらこなど
　たんぱく質を多く含むおにぎり
・豆腐のみそ汁（インスタントでも OK）
・バナナ
・100%果汁

POINTS

味噌汁やスープなど温かいものを摂ることで身体のウォーミングアップにもつながるのでおすすめ。

軽食②

・ミックスサンドイッチ
　（卵、ツナ、ハムなど）
・牛乳またはヨーグルト
・フルーツ

POINTS

多種たんぱく質食品を使用したミックスサンドは優れもの。
フルーツは手軽に摂れる柑橘系を用意すると便利。

　また、試合当日などで緊張やプレッシャーから計画通りの食事が摂れない場合もあるため、試合前日を含めた食事量の調整を行うなど個人にあわせた計画を立てることも必要である。

3 補食の活用

　アスリートは、身体活動に応じたエネルギーおよび栄養素の摂取量が必要となる。しかし食事のみでは十分に摂ることができないこともある。そのような場合には、食事で不足するエネルギーおよび栄養素を補食から摂らなければならない。したがってアスリートにとっての補食とは、いわゆる嗜好食品や飲料などの間食とは異なる位置づけにあることがわかる。

　スポーツ現場で活用しやすい補食内容としては、炭水化物（糖質）が補給できるもの、たんぱく質が補給できるものがある。摂取タイミングや体調、疲労状態にあわせて上手に選択するとよい（図 2-16）。特に成長期のように身体の成長が著しい時期、増量や筋量を増やしたい時期、身体活動量が増加する強化期などでは積極的に補食を活用したい。

図 2-16　スポーツ現場で活用しやすい補食内容

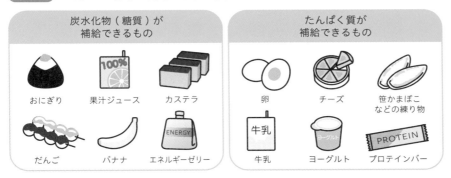

引用文献

1 ）Mountjoy M et al: The IOC consensus statement: beyond the Female Athlete Triad-Relative Energy Deficiency in Sport (RED-S). *Br J Sports Med*. 48:491-497,2014

2 ）小清水孝子・柳沢香絵・樋口満「スポーツ選手の推定エネルギー必要量」『トレーニング科学』第 17 巻第 4 号　2005 年　pp.245-250

3 ）田口素子・高田和子・大内志織・樋口満「除脂肪量を用いた女性競技者の基礎代謝量推定式の妥当性」『体力科学』第 60 巻第 4 号　2011 年　pp.423-432

4 ） Borchers JR et al: Metabolic syndrome and insulin resistance in Division 1 collegiate football players. *Med Sci Sports Exerc* 41:2105-2110, 2009

5 ） Ronald JM et al: IOC consensus statement: dietary supplements and the high-performance athlete. *Br J Sports Med.* 52: 439-455, 2018

参考文献

厚生労働省「日本人の食事摂取基準（2020 年版）」
厚生労働省「健康づくりのための身体活動基準 2013」
日本体育協会スポーツ医・科学専門委員会監修『アスリートのための栄養・食事ガイド』第一出版 2014 年
文部科学省「食品成分データベース」
 https://fooddb.mext. go.jp/

学びの確認

（　　　　）に入る言葉を考えてみよう。

①エネルギー消費量がエネルギー摂取量を上回る状態では、体重は（　　　　）。

②1日の総エネルギー消費量は、（　　　　　　）、食事誘発性熱産生、活動時代謝量からなる。

③要因加算法を用いたエネルギー消費量の推定は、実際の値より（　　　）評価となることを理解しておかなければならない。

④1日のエネルギー消費量を基礎代謝量で除した値のことを、（　　　　　　）または（　　　）という。

⑤身体活動前の飲食は、食物の（　　　　）時間を考えた選択が必要である。

⑥炭水化物は、血液中のグルコースのほか、筋肉と肝臓で（　　　　　）の形で貯蔵される。

⑦身体の構成成分となる栄養素は、（　　　　　）とミネラルである。

⑧アスリートにおけるたんぱく質の摂取量は、（　　　）や身体活動内容を考えて検討する。

⑨食事の配分は、競技特性、トレーニング内容、トレーニングや試合当日の（　　　　　）に応じた調整が必要である。

⑩身体活動に応じたエネルギーおよび栄養素の摂取量を確保するには、食事以外に（　　　）も含めた計画を行うとよい。

第Ⅱ部　スポーツにおける栄養素の役割

炭水化物

なぜこの章を学ぶのですか？

炭水化物は、エネルギー産生にかかわる栄養素の1つです。体内では、エネルギー源として筋肉や肝臓にグリコーゲンの形で貯蔵されています。脳の主なエネルギー源であるブドウ糖も炭水化物であり、アスリートにとっては不足することなく、しっかりと摂取したい栄養素です。

第3章の学びのポイントは何ですか？

炭水化物がエネルギーへと変換される体内での代謝についてしっかりと理解することです。その上で競技特性に応じた摂取のタイミングや量を学び、実践に活かすことをめざします。

\\ 考えてみよう //

1 炭水化物の特徴と役割を書き出してみよう。

2 炭水化物を適切に摂取するためには、どのようなことに気をつける必要があるだろうか？

Case　スピードスケート選手のレース当日の補給計画

栄養サポートに至る経緯

　A 選手はトップレベルのスピードスケート選手である。大会では 1 周 400 m のスケートリンクを 16 周する種目に出場する。レースは、1 日に予選および決勝を行う。本種目のような高強度運動かつ持久力を必要とする競技では、炭水化物のエネルギー消費の割合が大きい。したがって、レース当日にも計画的、戦略的な炭水化物の摂取が求められるため、栄養サポートを行った。

A 選手のプロフィール

▶ 25 歳女性。体重は 47 ～ 50 kg で変動。
▶ 食事、特にご飯をしっかり食べることができる。
▶ 大会期間中のスケジュールを自己管理している（起床、食事、ウォーミングアップ等のタイムスケジュール）。
▶ レース時は、空腹よりも少しお腹に食べ物が残っている感覚がある方がよい。

アセスメントによる課題抽出

課題❶ レース当日は 2 レースあり、1 日の食事・補食の管理が必要。
課題❷ 種目特性上エネルギー消費量が多いため、エネルギー補給を目的としたレース当日の炭水化物摂取の計画が必要。

栄養サポート計画・内容

　以前の大会でレース前にお腹を壊したことや大会終盤のレースであることを考え、炭水化物、特にご飯を中心としたシンプルな食事内容とした。
▶ 決勝進出が前提の食事および補食の計画 Point 1 。
▶ 海外での大会だったが、ご飯を準備することができた Point 2 。

> Point 1　朝食を多めに設定し、その後はこまめに軽食、補食を摂取するように設定した。
> Point 2　決勝レースまでに約 520 g のご飯を摂取（炭水化物約 230 g）。

　決勝レースまでに摂取した炭水化物総量は約 420 g（体重 1 kg あたり約 8 ～ 9 g）で、エネルギーに換算すると約 1,680 kcal にもなる。またガイドライン（p.53 表 3-1 ）では非常に高い強度の運動を行う日の 1 日の摂取量が体重 1 kg あたり 8 ～ 12 g となっているが、その量を決勝レースまでの間で摂取したこととなる。
　本計画は、A 選手も納得して設定したものであり、目標とする大会をおおよそ 1 年前から設定し、実行と修正を繰り返すことができたこと、好き嫌いがあまりなく、食事、特にご飯をしっかりと食べられたことが功を奏し、優勝することができた。

1 炭水化物の役割

炭水化物は、糖質と食物繊維をあわせた総称であり、エネルギー産生にかかわる栄養素の1つである。体内にはグリコーゲンや血糖として貯蔵されているが、脂肪に比べると貯蔵量が少ない。炭水化物は、スポーツ活動において主要なエネルギー源となり、運動の強度や時間によって利用量が変化する。

1 炭水化物の働き

（1）炭水化物とは

炭水化物は、糖質と食物繊維をあわせた総称であり（図3-1）、エネルギー産生栄養素（たんぱく質、脂質、炭水化物）の1つである。糖質と食物繊維の違いは消化のしやすさであり、糖質を易消化性炭水化物、食物繊維を難消化性炭水化物と呼ぶ。

炭水化物の最小単位は単糖類であり、結合する数（重合度）によって、少糖類（2～9個程度）、多糖類（10個以上）に分類される。少糖類は、単糖が2つ結合した二糖類と3つ以上結合したオリゴ糖にも分類される。多糖類は、消化性多糖類（デンプン）と難消化性多糖類（食物繊維）にも分類される。

炭水化物は、主要なエネルギー供給源であるが、食物繊維からの供給量は

図 3-1 炭水化物の分類

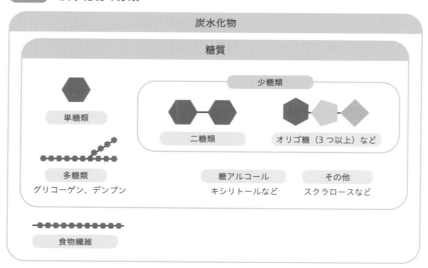

ごくわずかで、ほとんどが糖質からである。本章において特段の記述がない限り、炭水化物＝糖質としてとらえていただきたい。

（2）炭水化物の種類

炭水化物の種類は 図3-2 のようなものがある。

単糖類は、炭水化物における最も小さい単位であり、少糖類、多糖類は単糖が結合することによって構成される。代表的な単糖であるグルコース（ブドウ糖）は、デンプンおよびグリコーゲンの構成成分であり、スポーツ栄養におけるエネルギー補給において重要な炭水化物である。

少糖類[*1] は、単糖が 2 個以上結合した炭水化物で、そのうち二糖類は、単糖が 2 つ結合した炭水化物である。代表的なものとして、砂糖が挙げられるが、スクロース（ショ糖、砂糖）とも呼ばれ、グルコースとフルクトースが結合している。単糖が 3 個以上結合したものはオリゴ糖で、消化されにくく、エネルギーになりにくい。

多糖類は、単糖が多数（数千から数万）結合した高分子の化合物である。植物はグルコースを構成成分としたデンプンを貯蔵している。一方で、ヒトはグリコーゲンの形で体内の様々な場所に炭水化物を貯蔵している。

＊1　少糖類
様々な種類があり、エネルギーが低く甘味料となる種類もある。

図 3-2　炭水化物の種類

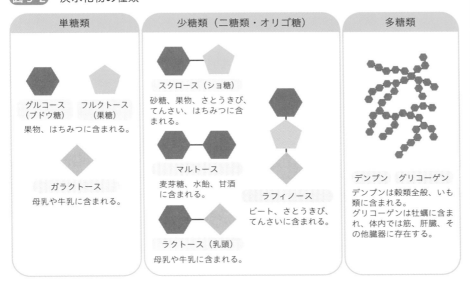

単糖類	少糖類（二糖類・オリゴ糖）	多糖類

グルコース（ブドウ糖）　フルクトース（果糖）
果物、はちみつに含まれる。

ガラクトース
母乳や牛乳に含まれる。

スクロース（ショ糖）
砂糖、果物、さとうきび、てんさい、はちみつに含まれる。

マルトース
麦芽糖、水飴、甘酒に含まれる。

ラクトース（乳頭）
母乳や牛乳に含まれる。

ラフィノース
ビート、さとうきび、てんさいに含まれる。

デンプン　グリコーゲン
デンプンは穀類全般、いも類に含まれる。
グリコーゲンは牡蠣に含まれ、体内では筋、肝臓、その他臓器に存在する。

（3）炭水化物の役割

炭水化物の重要な役割は、エネルギー源になることであり、1 g あたり4 kcal のエネルギーを供給する。脳、内臓、神経、筋、赤血球など、様々な場所で利用される。貯蔵形態は、血液中のグルコースである血糖、主に筋

または肝臓に貯蔵されるグリコーゲンがあるが、脂肪と比較して貯蔵量は非常に少ない。

2 炭水化物の体内でのゆくえ（消化、代謝）

（1）炭水化物の消化と吸収

　栄養素を体内に吸収するときには、大きな分子を小さな分子に消化する必要がある。炭水化物も例外ではなく、デンプンのような大きい分子をグルコースのような小さい分子になるまで消化し、吸収する。

　ヒトが日常的に摂取する炭水化物の多くがデンプンである。デンプンは、口腔内で分泌されるだ液、膵臓から小腸に分泌される膵液に含まれるアミラーゼ[*2] によってグルコースにまで分解される。グルコースは、小腸に局在する輸送体によって細胞内（体内）に取り込まれる。

　小腸の細胞から取り込まれたグルコースは、小腸微絨毛の毛細血管を通り、血液に乗って門脈を経て肝臓に運ばれる。肝臓に運ばれたグルコースは、さらに全身に運ばれて種々の代謝に利用されることになる（図 3-3）。

図 3-3　炭水化物の消化と吸収の流れ

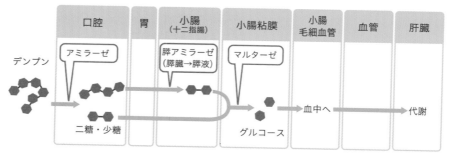

（2）炭水化物の調節と体内貯蔵

　小腸で吸収したグルコースは、血液に移動し、肝臓を経て利用または貯蔵される。血液中のグルコースである血糖は、一定レベル（70 ～ 100 mg/dL 程度）を維持するように調節されているが、炭水化物を含む食事を摂取すると上昇し、飢餓状態（空腹）が続くと低下する。

　血糖が一定レベルより低下すると、膵臓のランゲルハンス島α細胞からグルカゴンが分泌される。グルカゴンは血糖を上げるホルモンの1つで、肝グリコーゲンの分解を促進（糖新生[*3]）し、低下した血糖を正常状態に戻す。

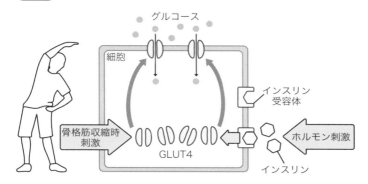

図 3-4　血糖を下げるしくみ

　食事等によって血糖が一定レベルを上回る高血糖状態になると、膵臓のランゲルハンス島 β 細胞からインスリンが分泌される。インスリン*4 は血糖を下げるホルモンであり、細胞膜にあるインスリン受容体に結合し、細胞内に格納されている GLUT4*5 を細胞膜に移動させる。GLUT4 を介して血糖が細胞内に移動し、エネルギーとして利用またはグリコーゲンとして貯蔵される。加えて、GLUT4 は骨格筋を収縮させたときに生じる刺激によっても細胞膜に移動する。したがって血糖を下げるしくみは、インスリンによるホルモンの刺激と、骨格筋を収縮させたときに生じる刺激の 2 通りがある（図 3-4）。

　血糖は様々な細胞に取り込まれるが、肝臓に 90 ～ 150 g、筋に 100 ～ 400 g がグリコーゲンの形で貯蔵される。例えば体重 70 kg の人では、肝グリコーゲン 100 g 程度、筋グリコーゲン 300 g 程度が貯蔵されているといわれる。筋および肝グリコーゲンは、体内における代表的なエネルギー源であるが、貯蔵量は脂肪と比較して非常に少なく限りがある。

　筋グリコーゲンの貯蔵量は筋量によって変動し、筋を収縮させる際のエネルギー源として利用されるが、血糖維持には貢献しない。一方、肝グリコーゲンは、エネルギー源になるだけでなく血糖維持にも貢献する。

（3）炭水化物のエネルギー代謝

❶解糖系

　ヒトが生命活動のために不可欠なエネルギーをたんぱく質、脂質、炭水化物から産生する経路のことをエネルギー代謝という。身体活動時の主なエネルギー源は、炭水化物と脂質であり、たんぱく質（アミノ酸）は飢餓状態に陥ったときに利用が高まる。炭水化物のうち、グルコースが主要なエネルギー源である。グルコースは、代謝を受けることによってエネルギーのもとになる ATP*6 となる。

*4　インスリン
血糖値を下げる作用があり、一方で体脂肪、筋たんぱく質の合成を高めるペプチドホルモンである。

*5　GLUT4
グルコーストランスポーター（糖輸送体）4 といい、インスリンや筋収縮の刺激によって、細胞膜に移動し、細胞内に糖を取り込む。

*6　ATP
アデノシン 3 リン酸。アデニンとリボースからなるアデノシンという物質に 3 つのリン酸基が結合している。リン酸基が離れるときにエネルギーが発生する。

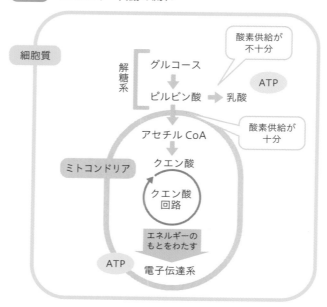

図 3-5 エネルギー代謝の流れ

細胞質

解糖系

グルコース

ピルビン酸 → 乳酸

酸素供給が不十分

ATP

アセチル CoA

酸素供給が十分

ミトコンドリア

クエン酸

クエン酸回路

エネルギーのもとをわたす

ATP

電子伝達系

図 3-5 に示したように、炭水化物の代謝における最初の段階が解糖系である。

解糖系は、細胞の細胞質で起こり、グルコース 1 分子からピルビン酸[*7]を 2 分子生成し、酸素供給が十分あるとクエン酸回路[*8]（ミトコンドリア[*9]内）に供給する。酸素供給が不十分だとピルビン酸を乳酸に変換して ATP を得る。解糖系からの ATP 供給は、高強度運動ほど高まる。

❷乳酸

乳酸は、疲労の原因となる物質ではない。グルコースを利用する過程で産生されるエネルギーのもとである。乳酸は、無酸素状態で産生されると解説されることが多いが、多量に産生されるのは、解糖系とクエン酸回路の代謝スピードに差があるためである（図 3-6）。つまり、乳酸が産生されているということは、グルコースから ATP を多量に供給している証拠である。

高強度運動では速やかに多量の ATP 供給が必要となるため、乳酸産生による ATP 供給は都合がよい。運動によって産生された乳酸は、エネルギー源として骨格筋や心筋で利用され、ある程度時間が経過すると血中濃度は低下する。中強度運動を長時間行っても血中乳酸値が高値を示さず一定で推移するのは、産生と利用のバランスが取れているためである。

❸運動時の利用の変化

運動時における炭水化物の利用は、強度や時間によって変化する。運動強度とエネルギー供給源の関連を模式的に示したものが図 3-7 である。運動強度が高まると、1 分間あたりのエネルギー消費量が増加するだけではなく、

＊7　ピルビン酸
グルコース 1 分子から 2 分子のピルビン酸がつくられる。クエン酸回路に入る前段階の物質。

＊8　クエン酸回路
ミトコンドリアにあり、炭水化物、脂質、たんぱく質からエネルギーを得るための共通の代謝経路。

＊9　ミトコンドリア
細胞小器官の 1 つでエネルギーを産生する場。

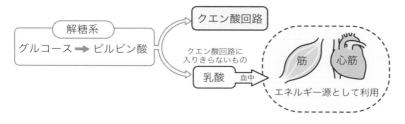

図 3-6　高強度運動時の乳酸産生とその利用のイメージ

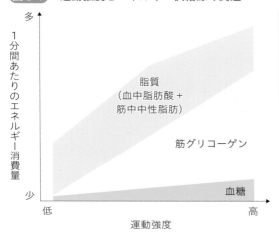

図 3-7　運動強度とエネルギー供給源の関連

・運動強度が高まるとエネル
　ギー消費量が増える
・血糖よりも、筋グリコーゲ
　ンを多く利用する
・運動強度が高まると筋グリ
　コーゲンの利用が増える

エネルギー供給源（脂質、筋グリコーゲン、血糖）も変化することがわかる。低強度運動では主に脂質が利用されているが、中強度では脂質と炭水化物がおおよそ半々、高強度になると、炭水化物、特に筋グリコーゲンからのエネルギー供給が増大する。

　高強度運動は、短時間であっても筋グリコーゲンの減少幅が大きい。中強度運動は、脂質を多く利用するが、マラソンのように長時間行うことで筋グリコーゲンも減少している。中強度運動を長時間行う場合には、血糖および筋グリコーゲンの減少に伴う競技パフォーマンスの低下、疲労の増大を防ぐことが重要である。したがって、疲労の増大を防ぐためにも、炭水化物を含む飲料やゼリー等の運動中でも摂取しやすい食品を用いた補給をする必要がある。

2 炭水化物の必要量と補給のポイント

炭水化物の質、摂取量および摂取タイミングを誤ると、コンディショニングや競技パフォーマンスを低下させる恐れがある。したがって、アスリートは、目的に応じた炭水化物の摂取方法を適切に選択することが重要である。

1 炭水化物の必要量と補給のしかた

（1）炭水化物の摂取に関するガイドライン

アスリートにおいては、トレーニングの有無、内容（強度や時間）あるいは試合日などにあわせた炭水化物の摂取が、コンディショニング、競技パフォーマンスの発揮に影響する。表3-1に、国際的なアスリートの炭水化物摂取に関するガイドラインをまとめたものを示す。運動強度や目的により、体重1kgあたりの炭水化物摂取量が様々に幅広く設定されている。アスリートの競技パフォーマンス向上を目標とした炭水化物摂取は複雑であることがわかる。

表に示したガイドラインは、欧米人を対象とした研究を用いて作成されているため、そのまま応用するのではなく、身体活動量にあわせて設定することが必要である。

（2）炭水化物の具体的な摂り方

食事を摂取してから利用するまでには消化・吸収の過程があるため、量を増やせば、それにかかる時間も増える。したがって、活動開始時間、活動中の状況にあわせて摂取量、質およびタイミングを考えなければならない。また消化速度は個人差があるため、食後どれくらいの時間をあけて運動を開始するかは、日々のトレーニングや主要大会前に確認する。

図3-8に本章Caseで紹介したA選手が、大会時にどのように炭水化物を摂取したのかを示した。予選および決勝と2レースあることを踏まえて、朝食、軽食で300g以上（1,200kcal以上）の炭水化物を摂取した。A選手から聞き取っていた「空腹よりも少しお腹に食べ物が残っている感覚」を考慮して、レース前後には、腹痛等が起きない程度の補食を摂取してもらった。例示した摂取の流れは、目標とする大会にあわせて、予選となる大会で予行し設定している。

アスリートは、様々な要因を考慮しながら炭水化物を摂取することが大切

表 3-1　国際的なアスリートの炭水化物摂取に関するガイドライン

運動強度別の炭水化物摂取量		
強度	運動の種類	摂取量（体重 1 kg あたり）
軽い	低強度または技術主体の活動	3 〜 5 g/日
中強度	中強度運動 （1 時間未満 /日）	5 〜 7 g/日
高い	持久的なトレーニング （中強度から高強度運動：1 〜 3 時間 /日）	6 〜 10 g/日
非常に高い	過酷なトレーニング （中強度から高強度運動：4 〜 5 時間以上 /日）	8 〜 12 g/日
様々な場面での炭水化物の補給方法		
目的・タイミング	運動の種類	摂取量（体重 1 kg あたり）
一般的なエネルギー補給	試合への準備：90 分未満	7 〜 12 g/日
グリコーゲンローディング	持続的、断続的な試合への準備：90 分を超える	10 〜 12 g/日 （36 〜 48 時間前から摂取）
試合前の摂取	試合前：1 〜 4 時間	1 〜 4 g（時間にあわせて） または /時
素早い補給	リカバリーの時間：8 時間未満	1.0 〜 1.2 g/ 時をはじめの 4 時間 その後、1 日に必要な量
短期間の運動中	45 分未満	必要なし
持続的な高強度運動中	45 分〜 75 分	マウスリンスを含む、少量
持久性運動中	1.0 〜 2.5 時間	30 〜 60 g/時
超持久運動中	2.5 〜 3.0 時間を超える	90 g 以上 /時

出典　Burke LM et al：Carbohydrates for training and competition. *J Sports Sci*. 29.sup1：S17-S27, 2011 をもとに筆者作成

である。炭水化物の摂取に影響を及ぼす要因の例として、年齢、性別、体重、身体組成、トレーニング内容（強度、実施時間）、環境（気温、湿度、標高など）、体重管理の状況および緊張等が挙げられる。これらのように、身体や環境の状況を考慮して 表 3-2 のように炭水化物の内容や摂取のタイミングを検討する必要がある。

　炭水化物は、エネルギー源として重要な栄養素である。コンディショニングや競技パフォーマンス向上のためには、日常のトレーニングや競技にあわせて、目的に応じた炭水化物摂取が重要となることを忘れてはならない。

図 3-8　A 選手の大会時の食事計画

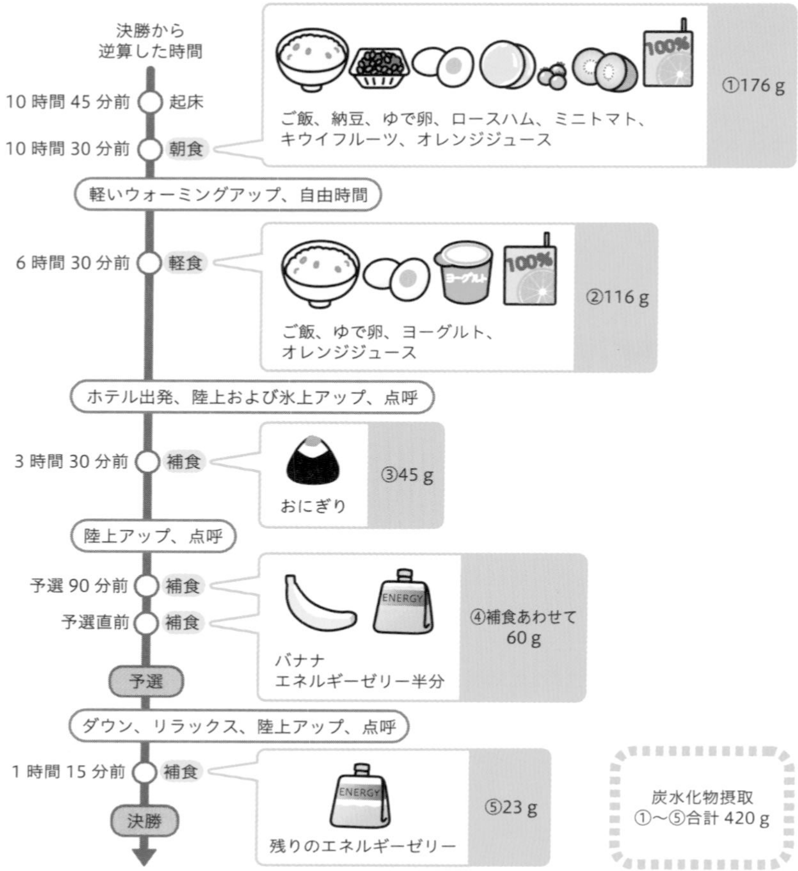

決勝から
逆算した時間

10 時間 45 分前　起床
10 時間 30 分前　朝食
ご飯、納豆、ゆで卵、ロースハム、ミニトマト、
キウイフルーツ、オレンジジュース
①176 g

軽いウォーミングアップ、自由時間

6 時間 30 分前　軽食
ご飯、ゆで卵、ヨーグルト、
オレンジジュース
②116 g

ホテル出発、陸上および氷上アップ、点呼

3 時間 30 分前　補食
おにぎり
③45 g

陸上アップ、点呼

予選 90 分前　補食
予選直前　補食
バナナ
エネルギーゼリー半分
④補食あわせて
60 g

予選

ダウン、リラックス、陸上アップ、点呼

1 時間 15 分前　補食
決勝
残りのエネルギーゼリー
⑤23 g

炭水化物摂取
①～⑤合計 420 g

表 3-2　炭水化物の摂取タイミングを考える上で必要なこと

1	トレーニングおよび試合の開始時間等、1 日のスケジュール	3 食および補食の摂取タイミングの設定
2	トレーニングおよび試合時間	トレーニングおよび試合前の炭水化物摂取の設定 トレーニングおよび試合中の炭水化物摂取の設定
3	自分自身の食事摂取量	3 食でエネルギー必要量を摂取できるか、補食をどうするのか
4	期分け（ピリオダイゼーション）	体重管理による食事量のコントロールの必要性があるか それに伴い炭水化物摂取量の調整が必要か
5	日々のストレスの程度	ストレスが強いと食欲不振やお腹の調子を崩すことがある
6	トレーニングおよび試合時の緊張	緊張時には交感神経が優位となり消化吸収能力が低下する →緊張による食事摂取への影響の把握 →緊張により食べられない場合の対処

出典　筆者作成

（3）グリコーゲンローディング

　筋グリコーゲンを一時的に増やす栄養補給法をグリコーゲンローディングと呼ぶ。グリコーゲンローディングは、1960 年代から実施されており、スポーツ栄養学においては歴史ある栄養補給法である。

　具体的な方法は、試合日を起点として 6 日前から計画を行う。図 3-9 のように前半の 3 日間は日常的に摂取しているような通常食（約 5 g/kg 体重）を摂取し、残りの後半の 3 日間は高炭水化物食（10 〜 12 g/kg 体重）を摂取する。これにより、グリコーゲンの貯蔵量を増大させることが可能となる。主にマラソンやトライアスロン、自転車ロードレースなど断続的に 90 分を超えるような競技において戦略的に行われている。

　なお、日常的に炭水化物をしっかりと摂取していれば、高炭水化物食摂取から 1 日程度で筋グリコーゲンがピークに達するといわれている。したがって、この場合、通常食を 3 日間摂取するような期間をあえて設けず、試合日の前日から高炭水化物食を摂取することで、十分に筋グリコーゲン量を増やすことも可能となる。

図 3-9　グリコーゲンローディングの方法

6 日前	5 日前	4 日前	3 日前	2 日前	前日	試合日

通常食（約 5 g/kg 体重）　高炭水化物食（10 〜 12 g/kg 体重）

（4）リカバリー（回復）

　運動後には貯蔵していたグリコーゲンが減少しており、疲労を蓄積させないためにも速やかにリカバリーさせる必要がある。筋グリコーゲンを速やかにリカバリーさせるためには、一般的に運動終了 30 分以内に炭水化物を摂取することが重要であるといわれる。さらに、表 3-1 に挙げたように 1.0 〜 1.2 g/kg 体重 / 時程度の炭水化物の摂取がリカバリーに効果的であることも示されている。

　しかし、運動終了後は交感神経が優位になっていることや、筋に血流が集まっていること、平滑筋で構成される消化管のたんぱく質が骨格筋と同様に分解されていることが考えられる。したがって、運動直後に炭水化物を摂取すると、消化・吸収が適切に進まないリスクもある。リカバリーを目的として運動直後に炭水化物を摂取する場合には、目標量を一気に摂取せず、徐々に摂取量を増やすなどして、体を適応させることも重要である。

（5）運動誘発性低血糖

＊10　低血糖
低血糖とは、一般的に血糖値が 70 mg/dL 以下になることをさす。動悸、発汗、震え、疲労感などの症状がある。ひどい場合には、けいれんや昏睡に至ることもある。

　運動誘発性低血糖[*10] は、高血糖状態で運動を開始してしまうことで、インスリンと運動による血糖降下作用が伴い、血糖が急激に低下してしまう状態をさす。運動開始前に血糖が上がりやすい食事や食品を摂取することで引き起こされやすい。症状としては、疲労、発汗、震えなどがあり、競技パフォーマンスの低下だけではなく、運動を継続できない場合もある。

　表 3-3 の運動誘発性低血糖の予防方法を参考にするとよい。

表 3-3　運動誘発性低血糖の予防方法

・運動開始 60 分前くらいから高グリセミック・インデックス（血糖が上がりやすい）の食品の摂取を控える。
・食事を抜いて、炭水化物を豊富に含む食品（エナジーバーやジェルなど）を摂取しない。

出典　筆者作成

2　炭水化物が含まれる食品とその特徴

（1）グリセミック・インデックス

　グリセミック・インデックス（Glycemic Index：GI）は、炭水化物を含む食品摂取後の血糖値の変動を客観的に表わした指標である。食品の GI 評価は、70 以上を高 GI、55 以下を低 GI と分類される。高 GI の食品摂取後には、血糖値は急激に上昇しやすく、低 GI の食品摂取後には緩やかに上昇する。つまり、高 GI 食品はインスリンの分泌が急激であり、低 GI 食品は分泌が緩やかである（図 3-10）。

　GI の高低に影響を与える要因として、炭水化物の質、食物繊維、たんぱく質および脂質含有量が挙げられる。また、同じ食品を原料にしても、含有

図 3-10　グリセミック・インデックス（GI）と炭水化物の補給のイメージ

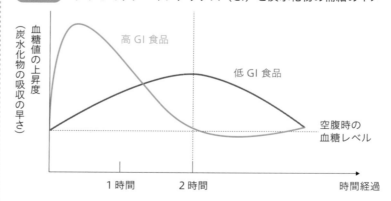

56

表 3-4　代表的な食品の GI 値

高 GI >70		中 GI 69 〜 56		低 GI >55	
コーンフレーク	93	ベーグル	69	オレンジジュース（濃縮還元）	53
もち	82	パイナップル	66	さつまいも（焼き）	48
マッシュポテト	82	パンケーキ	66	グレープフルーツジュース（濃縮還元）	48
白飯	76	うどん（ゆで）	62	そば（ゆで）	46
すいか	72	キウイフルーツ	58	バナナ	46
食パン	71	中華めん（ゆで）	57	スパゲッティ（ゆで麺）	42

出典　The University of Sydney: Glycemic Index Research and GI News, https://glycemicindex.com/ をもとに筆者作成

栄養素や加工・調理方法の違いによって GI が変化する（表 3-4）。

　運動前の急激な血糖上昇を控えたい場合には、低 GI 食品または組み合わせを取り入れ、運動後の速やかなグリコーゲン回復が目的の場合には、血糖値を素早く高めることができる高 GI 食品を選択するなどの工夫ができる。

　低 GI 食品は、食物繊維や脂質が多いものが多く、消化・吸収に負担がかかることから、運動前の摂取に適切ではない場合も考慮しておくとよい。

（2）炭水化物を多く含む食品

　炭水化物の含まれている食品の多くが、様々な栄養素を含んでいることを忘れてはならない。日常で摂取する食品の中で「炭水化物のみ」を含有している食品は精製糖（砂糖）だけである。「○○には炭水化物が□ g 含まれています」という例として砂糖を用いて示されるが、食品に砂糖だけが含まれているということは決してない。つまり、様々な炭水化物が複合的に含まれており、食品の特徴をなしている。

　図 3-11 に代表的な炭水化物を多く含む食品例を示した。穀類は、ほぼデンプンで構成されており、アスリートは炭水化物源として積極的に摂取したい食品である。いも類も炭水化物を多く含む食品であるが、同時に食物繊維も含まれており、満腹感を感じやすく、ガスが発生しやすいこともある。果物は炭水化物だけではなく、水分も一緒に摂取することができる食品が多い。さらに、調理をせずに洗うだけで食べられるので、補食や食事に付け加える炭水化物源として有用である。

　なお、菓子類は炭水化物を多く含む食品であるが、脂質も多く含んでいるものもあるため、体重管理等では避ける傾向にある。しかし、菓子類の中で

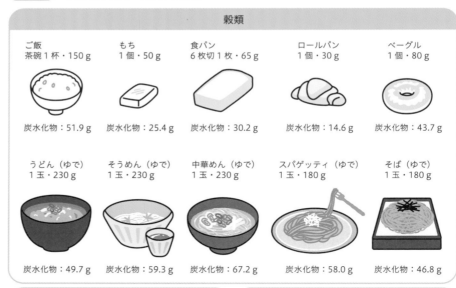
図 3-11 炭水化物を多く含む食品例

穀類

ご飯
茶碗 1 杯・150 g
炭水化物：51.9 g

もち
1 個・50 g
炭水化物：25.4 g

食パン
6 枚切 1 枚・65 g
炭水化物：30.2 g

ロールパン
1 個・30 g
炭水化物：14.6 g

ベーグル
1 個・80 g
炭水化物：43.7 g

うどん（ゆで）
1 玉・230 g
炭水化物：49.7 g

そうめん（ゆで）
1 玉・230 g
炭水化物：59.3 g

中華めん（ゆで）
1 玉・230 g
炭水化物：67.2 g

スパゲッティ（ゆで）
1 玉・180 g
炭水化物：58.0 g

そば（ゆで）
1 玉・180 g
炭水化物：46.8 g

いも類

さつまいも（焼き）
中 1 本・250 g
炭水化物：97.5 g

じゃがいも（ボイル）
中玉 1 個・100 g
炭水化物：18.1 g

果汁

オレンジジュース
1 パック・200 mL
炭水化物：21.4 g

グレープフルーツ
ジュース
1 パック・200 mL
炭水化物：17.6 g

果物

キウイフルーツ
1 個・100 g
炭水化物：13.4 g

すいか
1 片・100 g
炭水化物：9.5 g

バナナ
1 本・90 g
炭水化物：20.3 g

注 果物は可食部あたりの重量。
出典 文部科学省「日本食品標準成分表 2020 年版（八訂）」をもとに筆者作成

も和菓子は、低脂質でありながら高炭水化物の食品が多く、補食として有用
な炭水化物源である（第 5 章 p.84 表 5-2 参照）。
　単に、炭水化物を多く含む食品といっても、各食品に含まれる炭水化物の
種類が異なり、様々な特徴をもっている。食品を 1 つ 1 つ覚えるのは大変
なので、文部科学省が作成している食品成分表や食品成分データベースのよ
うな栄養成分を確認できるものを利用するとよい（第 2 章 p.40 参照）。

参考文献

Burke LM et al: Carbohydrates for training and competition. *J Sports Sci*. 29.sup1: S17–S27, 2011

文部科学省「日本食品標準成分表 2020 年版（八訂）」全体版
　https://www.mext.go.jp/a_menu/syokuhinseibun/mext_01110.html

文部科学省「食品成分データベース」
　https://fooddb.mext.go.jp/

The University of Sydney: Glycemic Index Research and GI News
　https://glycemicindex.com/

学びの確認

（　　　　　　）に入る言葉を考えてみよう。

①炭水化物は、（　　　　　）と（　　　　　　　　）をあわせた総称である。

②炭水化物の最小単位は（　　　　　）であり、結合する数（　　　　　　）によって、二糖類、少糖類、（　　　　　）に分類される。

③炭水化物の重要な役割は、（　　　　　　　　　）になることである。

④身体に貯蔵される炭水化物の形は、（　　　　　）や（　　　　　　　　）がある。

⑤血糖は、一定レベルを維持するように調節されているが、炭水化物を摂取すると（　　　　　）し、飢餓状態（　　　　　）が続く場合には（　　　　）する。

⑥グルコースは、解糖系で代謝を受けることで、（　　　　　　　　）になる。

⑦乳酸は、エネルギー源であり、（　　　　　　）や（　　　　　）で利用される。

⑧筋グリコーゲンを一時的に増やす栄養補給法を（　　　　　　　　　　　　）と呼ぶ。

⑨リカバリーを目的とした炭水化物摂取量の目安は、体重 1 kg あたり（　　　　　　　　）程度で十分に効果を得ることができる。

⑩（　　　　　　　　　　　　　）は、炭水化物を含む食品摂取後の血糖値の変動を客観的に表した指標である。

たんぱく質

なぜこの章を学ぶのですか？

　筋肉をはじめとするあらゆる組織の主成分となる、言い換えると「身体をつくる」栄養素がたんぱく質です。近年、高たんぱく質の食品や補助食品が市場に出回る「プロテインブーム」により、たんぱく質＝身体づくりという認識が広く浸透しましたが、たんぱく質の働きや摂り方を正しく理解し、実践することが重要です。

第 4 章の学びのポイントは何ですか？

　体内での働きを最大限にするためのたんぱく質摂取方法を理解することです。科学的なエビデンスをもとに摂取すべきたんぱく質の種類、量、タイミングを明らかにし、実際の食生活に活かせるようにめざします。

＼ 考えてみよう ／

1. たんぱく質の摂取量が不足するとどんなことが起こるか、書き出してみよう。

2. たんぱく質が多く含まれる食品を 5 つ、挙げてみよう。

Case 大学アメリカンフットボール選手のオフシーズン期の増量計画

栄養サポートに至る経緯

　コンタクトスポーツは、対戦相手とパワーや技を競うことが競技の最大の魅力である一方、接触によるケガのリスクが高く、競技パフォーマンス向上とケガの予防のための身体づくりがとても重要である。そこで、身体づくりを目的に活動するオフシーズン期でのたんぱく質の摂取方法に着目し、大学アメリカンフットボール選手へ対し、除脂肪量の増量をめざした栄養サポートを行った。

対象選手のプロフィール

▶ 大学アメリカンフットボール部に所属する、増量を目標とする選手 6 名。
▶ 事前のメディカルチェックで、肝機能・腎機能・血圧・血糖値に異常がないことを確認した。

栄養アセスメントによる課題抽出

課題❶ オフシーズン期は運動量が少なく、炭水化物を中心としたエネルギー消費量が少ない。
課題❷ オフシーズン期での炭水化物の多量摂取は、中性脂肪値の増加や体脂肪の増加をもたらし、好ましい体組成変化を起こさない。

栄養サポート計画・内容

　サポート期間は、オフシーズン期の 1 月中旬〜4 月中旬までの 12 週間とし、1 週間あたり 0.5 kg の増量を目標とした。この期間は、週 4 回のレジスタンストレーニングが計画されている `Point 1` 。
▶ 炭水化物よりもたんぱく質の摂取量や摂取回数を重視する `Point 2` `Point 3` 。

　`Point 1` エネルギー摂取量が不足しないよう、1 日 4,000 〜 5,000 kcal と設定した。
　`Point 2` 20 〜 40 g のたんぱく質を 1 日 6 回以上摂取とした。
　`Point 3` たんぱく質源は肉・魚・卵・大豆・乳製品などのほか、乳たんぱく由来の 2 種類のプロテインサプリメントを利用した。

　日々の摂取状況はチャットアプリを使用して把握し、目標どおりの摂取ができるよう、管理栄養士からのアドバイスを毎日実施した。12 週間での体重変化は 6 選手の平均で＋5.4 kg、除脂肪量の変化は＋3.4 kg となった。特に体重 1 kg あたりのたんぱく質摂取量がより多い選手（＞2.5 g）において、体重増加量に占める除脂肪量の増加がより大きい傾向となった。

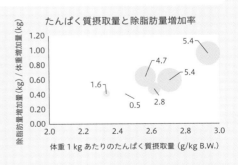

たんぱく質摂取量と除脂肪量増加率

1 たんぱく質の役割

たんぱく質は、身体の構成成分であるほか、酵素やホルモン、抗体として、身体を正常な状態に調節する働きをもつ。また、エネルギーを産生する栄養素の1つでもある。たんぱく質の種類によって、構成するアミノ酸の数や種類、アミノ酸同士の結合のしかたが異なり、体内への吸収速度や働きなど、たんぱく質の性質の違いとなる。

1 たんぱく質の働き

（1）たんぱく質とは

たんぱく質は、20種類のアミノ酸が結合してできた化合物である。アミノ酸とアミノ酸同士の結合をペプチド結合といい、たんぱく質はアミノ酸が数万～数十個ペプチド結合している。

たんぱく質のペプチド結合の一部が切り離され、アミノ酸が数百個～数個になったものをペプチドという（図4-1）。

図4-1 たんぱく質とペプチドとアミノ酸

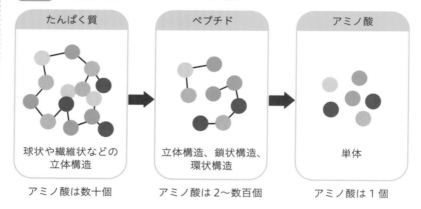

たんぱく質	ペプチド	アミノ酸
球状や繊維状などの立体構造	立体構造、鎖状構造、環状構造	単体
アミノ酸は数十個	アミノ酸は2～数百個	アミノ酸は1個

（2）体内でのたんぱく質

たんぱく質の役割は主に4つに分けられる。

❶身体の構成成分

ヒトの体は水と脂質とたんぱく質が構成成分の主である。特に筋肉は、水を除くとほとんどがたんぱく質である。体たんぱく質[*1]は、合成と分解を絶え間なく繰り返しており、例えば内臓や骨など、見た目や大きさは変わらなくても、常に少しずつ入れ替わっている。

＊1 体たんぱく質
筋肉、臓器、骨、皮膚、髪の毛など、体の組織をつくっているたんぱく質のこと。

❷酵素、ホルモン、物質輸送体、抗体

　体内のたんぱく質の一部は、消化・代謝の調節を行う酵素やホルモン、物質の輸送に関与する輸送体として働いている。また、体内に入ってきた異物を排除し、ウイルスや病原菌から体を守る抗体もたんぱく質である。例えば、たんぱく質を分解する酵素をプロテアーゼというが、そのプロテアーゼもまた、たんぱく質からできている。

❸神経伝達物質やビタミンの前駆体

　たんぱく質を構成しているアミノ酸の中には、神経伝達物質やビタミンの前駆体（生成される前の段階の物質）としてはたらくものもある。例えばトリプトファンというアミノ酸は、精神の安定に関与するセロトニンという脳内物質の前駆体である。

❹エネルギー源

　たんぱく質は、1 g あたり 4 kcal のエネルギー源としても利用される。多量のたんぱく質がエネルギーとして消費される状況は、体内で使える炭水化物が不足している状態であり、このような状況下では、組織の材料として利用できるアミノ酸が不足してしまう。したがって、運動をする人がたんぱく質の摂取を計画する際には、炭水化物や脂質などほかのエネルギー源の摂取量もあわせて考慮しなくてはならない。

2 たんぱく質の体内でのゆくえ

（1）たんぱく質の消化と代謝

　たんぱく質が含まれる食品については第 2 節の通りだが、身近な食品を例として考えてみよう。例えば、牛乳コップ 1 杯（約 200 mL）を飲んだとする。牛乳には 100 mL あたりたんぱく質を 3.3 g 含むことから、コップ 1 杯で約 6.6 g のたんぱく質を摂ることができる。食道を通過して胃に到達した牛乳のたんぱく質は、胃酸[*2] によって、分解されやすい状態になる。次いで、ペプシンという酵素によって、たんぱく質は分解され複数のペプチドになる。飲んでからおおよそ 1 ～ 2 時間後には、これらのペプチドは小腸に送られ、小腸で膵液から分泌される消化酵素の働きによって細かく切断され、さらに小腸粘膜に存在する消化酵素によって、アミノ酸やアミノ酸に近い段階まで分解されたペプチドになる。たんぱく質が消化酵素によって切断されることを消化という（ 図 4-2 ）。アミノ酸は小腸粘膜[*3] を通過して体内に入っていくが、これを吸収という。

　吸収されたアミノ酸は、門脈を経て肝臓に入り、そこで肝たんぱく質や血

＊ 2　胃酸
胃液ともいう。食べ物が胃の中に入ってくると胃壁から分泌される。主成分は塩酸。

＊ 3　小腸粘膜
小腸の内側。絨毛と呼ばれる、無数の突起があり、ここから栄養素を吸収する。

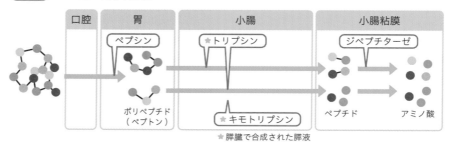

図 4-2　たんぱく質の消化

口腔	胃	小腸	小腸粘膜
	ペプシン	★トリプシン	ジペプチターゼ
	ポリペプチド（ペプトン）	★キモトリプシン	ペプチド　アミノ酸

★膵臓で合成された膵液

＊4　非必須アミノ酸
必須アミノ酸については後述するが、必須アミノ酸に対して、体内で合成が可能なアミノ酸を非必須アミノ酸という。

清たんぱく質などが合成され、一部は非必須アミノ酸[＊4]に変化し、一部はそのまま血液中に送出される。血液中のアミノ酸は、各組織に取り込まれ組織たんぱく質の供給源として、また、酵素やホルモンなどの構成成分となる。このように、たんぱく質は各組織において常に新陳代謝されてアミノ酸として利用されており、体内にはたんぱく質を分解して得られたアミノ酸と、小腸で吸収された食事由来のアミノ酸が混合して蓄えられている。これをアミノ酸プールといい、たんぱく質は、必要に応じてこのアミノ酸プールを利用し、組織たんぱく質の合成や他の化合物の合成を行っている。また、このようにたんぱく質が少しずつ新陳代謝されて、新しいアミノ酸と古いアミノ酸が入れ替わり、平衡が保たれながらも絶えず入れ替わっていることを動的平衡という。

（2）アミノ酸の構成とその評価法

　さて、牛乳コップ1杯に含まれる6.6 gのたんぱく質は 表4-1 のようなアミノ酸から構成されるが、最も多いアミノ酸はロイシン（700 mg）でアミノ酸全体の約1割を占めている。ロイシンは、筋たんぱく質合成（筋肉の合成）を促進し、筋たんぱく質分解（筋肉の分解）を防ぐ。したがって筋肉にとって非常に重要なアミノ酸であるといえる。ロイシンは分子構造の中に枝分かれした部分をもつが、このようなアミノ酸はほかにはイソロイシン、バリンがある。これらを総称して分岐鎖アミノ酸（Branched-Chain Amino Acid：BCAA）という。BCAAはたんぱく質の合成を促進し、分解を抑制することが明らかにされている。ただし、競技パフォーマンス向上や身体づくりに重要なアミノ酸はBCAAだけではない。たんぱく質を構成しているアミノ酸の中で、ヒトの体内で合成できず、食事から摂ることが必要とされるアミノ酸は、BCAAを含め9種類あり、これを必須アミノ酸（Essential Amino Acid：EAA）という。

　食品中のたんぱく質を必須アミノ酸の組成から評価する方法が、アミノ酸スコアである。この方法は、1973年に国際連合食糧農業機関（Food and

表 4-1　体をつくるアミノ酸

必須アミノ酸（9 種類）		非必須アミノ酸（11 種類）	
種類	牛乳コップ 1 杯 200 mL あたり（mg）	種類	牛乳コップ 1 杯 200 mL あたり（mg）
イソロイシン	340	チロシン	320
ロイシン	640	シスチン	52
リシン	540	アスパラギン酸（アスパラギン）	500
メチオニン	160	セリン	380
フェニルアラニン	320	グルタミン酸（グルタミン）	1,400
トレオニン	300	プロリン	640
トリプトファン	92	グリシン	120
バリン	420	アラニン	200
ヒスチジン	190	アルギニン	220
必須アミノ酸合計	3,002	非必須アミノ酸合計	3,832

出典　文部科学省「日本食品標準成分表 2020 年版（八訂）」をもとに筆者作成

Agriculture Organization of the United Nations：FAO）と WHO、1985 年に FAO、WHO、国連大学（United Nations University：UNU）が設定したアミノ酸評価パターンを用いた評価法である。食品中の必須アミノ酸含有量をそれらの評価パターンから数値化したもので、鶏卵のたんぱく質をアミノ酸スコア 100 の基準値としている。

　一般に、アミノ酸スコア 100 に近いものを「良質なたんぱく質」という。アミノ酸スコアは、化学的に分析された食品中のアミノ酸組成を計算したものであり、たんぱく質の質を評価する際に広く用いられている指標である。しかし、ヒトが摂取する場合は、たんぱく質の消化吸収率やアミノ酸の有効性についても考慮する必要がある。そこで、たんぱく質の消化率を加味したたんぱく質消化率補正アミノ酸スコアが、より正確な評価法として用いられるようになっている。

2 たんぱく質の必要量と補給のポイント

筋肥大や筋力の向上をめざすアスリートでは、たんぱく質の必要量が増える。こういった
アスリートに対し、国際スポーツ栄養学会は約 1.4 ～ 2.0 g/kg 体重 / 日のたんぱく質の摂取
を推奨している。たんぱく質は摂り過ぎた場合には、尿として排出され、腎臓に負担がかかる。
摂取する際にはたんぱく質の摂取間隔を等分に配分することが望ましい。

1 たんぱく質の必要量と補給のしかた

（1）たんぱく質の必要量

❶筋肉量の維持や増加を目的とした場合

日本人の食事摂取基準では、18 歳以上の男性は 1 日あたり 65 g、女性は
50 g のたんぱく質を摂取することが推奨されているが、筋肥大や筋力の向
上をめざすアスリートの場合には、必要量が増えると考えられている。
2017 年に国際スポーツ栄養学会が発表した、たんぱく質と運動に関する公
式見解では、「運動している者の大半は、運動トレーニング誘発の適応を最
適化するために、たんぱく質約 1.4 ～ 2.0 g/kg 体重 / 日を摂取すべきであ
る」[1] とある。

また、これを裏づけるデータとして、次のような研究がある。トレーニン
グにより除脂肪量を高めるためのたんぱく質必要量を、様々なたんぱく質摂
取量で検討したところ、年齢や性別に関係なく、1 日のたんぱく質摂取量が
体重 1 kg あたり 1.6 g まではたんぱく質摂取量が増えるとともに除脂肪量
が増加するが、それ以上の摂取量では除脂肪量の増加が起こりにくくなって
いた（図 4-3）[2]。

つまり、たんぱく質摂取量が少ないと、身体づくりに必要なたんぱく質量
が供給されないが、一方でたんぱく質摂取量を増やしても、ある一定の摂取
量を超えるとそれ以上は組織のたんぱく質が入れ替わるだけとなり、たんぱ
く質合成率[*5] が上がりつづけることはない。

余った血中のアミノ酸や分解された組織たんぱく質は、代謝されて体外に
排出されるが、その際にアミノ酸に含まれる窒素が肝臓で尿素となり腎臓か
ら排泄される。そのため、過剰なたんぱく質の摂取は肝臓や腎臓に負担がか
かるといわれている。1 日あたり体重 1 kg あたり 4 g 以上のたんぱく質摂
取を長期にわたって摂取し、健康状態には問題がなかったことを示す研究は
あるものの [3]、ほかの栄養素の摂取バランスや、たんぱく質の代謝にかかわ

*5 たんぱく質合成
率
体内のたんぱく質は常
に合成と分解を繰り返
している。見かけ上の
たんぱく質合成、すな
わちたんぱく質合成速
度をたんぱく質分解速
度で除したものをたん
ぱく質合成率と表現し
ている。

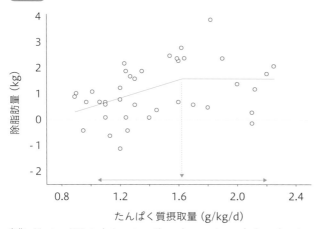

図 4-3 たんぱく質摂取量と除脂肪量増加の関係

出典　Morton RW et al: A systematic review, meta-analysis and meta-regression of the effect of protein supplementation on resistance training-induced gains in muscle mass and strength in healthy adults. *Br J Sports Med.* 52(6):376-384, 2018

るビタミンの消費を考えると、たんぱく質は摂りすぎてもよくはないだろう。

　一方で、本章 Case のアメリカンフットボール選手においては、体重 1 kg あたり 2.5 g のたんぱく質摂取量で、体重増加量に占める除脂肪量の増加が大きい傾向となっている。除脂肪量は、習慣的にレジスタンストレーニングを行っていれば体重 1 kg あたり 3 g から 3.5 g までの上限範囲で継続的に少しずつ摂取量を増やしていくことで、増加、または維持される可能性を示唆している[4]。したがって、国際スポーツ栄養学会の公式見解で示された摂取量より多くとも、対象者のレジスタンストレーニングやその習慣を把握した上で、必要量を検討することが重要である。

❷エネルギー制限中の場合

　ケガや疾病からの復帰中で身体活動量が少ない場合や、減量期でエネルギー摂取量を制限している場合、暫定的なエビデンスではあるが、❶で述べた必要量以上の高たんぱく質摂取が、筋肉量の維持に関して有益な可能性がある。

　標準体重から過体重の健康な人を対象とし、4 週間、エネルギー制限下で、1 日のたんぱく質摂取量を体重 1 kg あたり 1.2 g、2.4 g のいずれかで摂取した場合、除脂肪量が増加し、体脂肪量の減量が大きかったのは、2.4 g を摂取した群だったというデータがある[5]。エネルギー制限時の最適なたんぱく質摂取量については、除脂肪量の低下を防ぐため、通常時よりも多くのたんぱく質摂取量を確保したほうがよさそうである。

（2）たんぱく質の摂取回数

　1日に何回たんぱく質を摂取すべきか、という結論はまだはっきり出てはいないが、通常の食事からたんぱく質を摂取した場合、摂取後の血中アミノ酸濃度の上昇は、摂取してから少なくとも2～3時間後までつづく。

　また、トレーニングの直後から12時間後までのたんぱく質摂取パターンを3つに分け、それぞれのパターンにおけるトレーニング後の筋たんぱく質合成率を測定した研究がある[6]。たんぱく質40gを6時間おきに2回摂取、20gを3時間おきに4回摂取、10gを1.5時間おきに8回摂取、という3パターンで検討した結果、20gを3時間おきに摂取したときに、筋たんぱく質の合成率が最も高かった。

　このことからも、おおよそ3時間おきにたんぱく質20～40gずつを摂取することが、血中アミノ酸濃度を維持し、筋たんぱく質合成を高め、体組成の改善および競技パフォーマンスにプラスの効果が期待できる。

　仮に6時に起床し、22時に就寝するアスリートの場合であれば、起きている時間が16時間なので、たんぱく質摂取回数は1日5～6回となる。

（3）たんぱく質の摂取タイミング

　たんぱく質の摂取間隔が空いてしまうと、血中アミノ酸濃度が低下し、筋たんぱく質合成よりも筋たんぱく質分解が上回る可能性がある。また一方で、1時間おきなど、あまりにも摂取間隔が短い場合は筋たんぱく質合成能力が制限されてしまう可能性があるため、たんぱく質の摂取間隔を等分に配分することはたんぱく質の摂り方として最も重要なポイントの1つだろう（図4-4）。また、就寝30分前、あるいは夕食の2時間後のたんぱく質摂取が、就寝中の脂質の代謝を妨げることなく、筋たんぱく質合成を高めることが報告されている[7, 8]。さらに、就寝前のたんぱく質の摂取は除脂肪量を増加させることがいくつかの研究において報告されており、摂取が推奨されている[1]。

　本章Caseにおいても、選手の睡眠時間を考慮した上で、たんぱく質の摂取回数を1日6回以上となるように摂取タイミングを設定した。また、1日の最後のたんぱく質摂取タイミングを夕食後とし、牛乳やヨーグルトなどの乳製品、もしくはサプリメントから就寝前のたんぱく質摂取を行っている。

図 4-4　体重 80 kg の選手の 1 日のたんぱく質摂取例

1 日のたんぱく質摂取回数：6 回
1 日の総たんぱく質摂取量 140 g

2　たんぱく質が含まれる食品とその特徴

（1）通常食品

　主に食事から摂る食品でたんぱく質が多く含まれるものは、肉類、魚介類、豆類（大豆・大豆製品など）、卵類、乳類である。これらの食品の摂り方にはいくつかの注意を必要とする。

　まず、動物性たんぱく質と呼ばれる肉類、魚介類、卵類、乳類はアミノ酸スコアが 100 の良質なたんぱく質源であるものの、脂質量が多い食品も多い。摂りすぎてしまうとエネルギー摂取量の過剰から肥満となる可能性や、脂質異常症などの生活習慣病を招く恐れもある。したがって、脂質を摂りすぎないような部位の選択や調理法が必要である。ただし、魚介類の脂質は多価不飽和脂肪酸という体の機能維持に重要な脂質を多く含むため、ほかの動物性たんぱく質源と比べると食べすぎによる悪影響は少ない（第 5 章参照）。

　一方、たんぱく質の含有量が多い植物性たんぱく質源としては、大豆やその他豆類のほか、主食として食べている米、小麦、そばなどの穀類がある。精白米を炊いた「飯茶碗 1 杯（150 g）」には、約 4 g のたんぱく質が含まれるので、1 日に茶碗 3 杯の白飯を食べた場合には 12 g のたんぱく質を摂ることとなり、これは鶏卵約 2 個分のたんぱく質量に相当する。

　たんぱく質が多く含まれる食品を 図 4-5 に示したが、これ以外にも注目されているたんぱく質源がいくつかあるので紹介する。

図 4-5　たんぱく質を多く含む食品例

肉・魚類

肉
（原材料として）100 g

魚
（原材料として）100 g

たんぱく質：20 g

たんぱく質：20 g

卵類

鶏卵
L サイズ 1 個・60 g

たんぱく質：7 g

乳類・乳製品

牛乳
コップ 1 杯・200 mL

ヨーグルト
カップ 1 個・80 g

チーズ
1 片・15 g

たんぱく質：7 g

たんぱく質：3 g

たんぱく質：4 g

豆類・大豆類

豆腐・厚揚げ
1/3 丁・100 g

納豆
1 パック・45 g

豆乳
コップ 1 杯・200 mL

たんぱく質：8 g

たんぱく質：8 g

たんぱく質：6 g

種実類

ナッツ
6〜7 粒・20 g

たんぱく質：4 g

穀類

ご飯茶碗 1 杯
普通盛り・150 g

食パン
6 枚切 1 枚

うどん
1 食分

中華麺・スパゲッティ・そば
各 1 食分

たんぱく質：4 g　たんぱく質：5 g　たんぱく質：6 g　たんぱく質：12 g

出典　表 4-1 に同じ文献をもとに筆者作成

❶ギリシャヨーグルト

　ヨーグルトを特殊な水切り製法で水分を除いたものである。通常のヨーグルトと比べて、たんぱく質含有量が 2 〜 3 倍程度多い。乳製品に含まれるたんぱく質は主に吸収の速いホエイたんぱく質と吸収が遅いカゼインたんぱく質*6 であるが、ギリシャヨーグルトはカゼインたんぱく質がより多いのが特徴である。

❷代替肉

　世界的な人口増加に伴う食料危機や、環境問題、動物愛護、健康志向など、様々な理由で動物性肉の喫食を避ける「脱ミート」の動きが高まってきてい

＊6　カゼインとホエイの違い
カゼインは牛乳中に微粒子状に分散しているたんぱく質で、水に溶けない。酸で固まる性質があり、ヨーグルトは乳酸によってカゼインが固まったものである。ホエイは牛乳からカゼインと乳脂肪を取り除いたものである。ヨーグルトであれば上澄みの液体中に溶けて存在している。

る。動物性肉に代わるたんぱく質源として使用される食品は代替肉、あるいはフェイクミートなどと呼ばれ、大豆など植物由来のものや、欧米では真菌由来のマイコプロテインと呼ばれるものも流通している。

　日本では、大豆を使った代替肉が大豆肉、大豆ミートと呼ばれ、近年大手食品メーカーでの製造・販売が進み、スーパーマーケット等でも簡単に手に入るようになった。

　代替肉の歴史は比較的新しいと思われがちだが、日本や中国で古くから食べられている豆腐も、本来、動物性たんぱく質が手に入りにくい時代の人々のたんぱく質摂取源であり、代替肉と考えることもできるだろう。

（2）栄養補助食品（サプリメント）

　たんぱく質摂取を目的としたサプリメントとして、プロテインパウダー、プロテインバー、プロテインミルク、プロテインゼリーなどがある。

　これらのたんぱく質源は、主に牛乳や大豆などの食品からたんぱく質を分離し精製したものである。また、フレーバー（香料）や糖類を添加している場合が多い。また、パッケージの栄養成分表示には、たんぱく質の含有量が記載されている。

　サプリメントの利点としては、1回あたりの摂取量をコントロールしやすいこと、容易に持ち運べること、通常食品と比べて脂質が少ないこと、吸収が速いこと、などが挙げられる。ただし、サプリメントの利用に関しては安全性やアンチ・ドーピングの観点からも慎重に決めるべきである（第15章参照）。

（3）たんぱく質摂取源の選択

　たんぱく質の摂取タイミングや摂取量を決める際、どのようなたんぱく質源を選ぶかということは非常に大切な選択である。1日のスケジュールの中で、どの時間帯にどのくらいの量のたんぱく質を摂取するかを計画し、食事でメニューを選択する際には、動物性たんぱく質と植物性たんぱく質をなるべく組み合わせて摂取することを心がけるとよい。また、食事以外のタイミングでたんぱく質を摂取する際は、通常食品に加えて、必要に応じて補助食品やサプリメントの利用も検討する。

引用文献

1) Jäger R et al: International Society of Sports Nutrition Position Stand: protein and exercise. *J Int Soc Sports Nutr.* 14(20) 2017

2) Morton RW et al: A systematic review, meta-analysis and meta-regression of the effect of protein supplementation on resistance training-induced gains in muscle mass and strength in healthy adults. *Br J Sports Med.* 52(6):376-384, 2018

3) Antonio J et al: The effects of consuming a high protein diet (4.4 g/kg/d) on body composition in resistance-trained individuals. *J Int Soc Sports Nutr.* 11(19)2014

4) Tagawa R et al: Dose-response relationship between protein intake and muscle mass increase: a systematic review and meta-analysis of randomized controlled trials. *Nutr Rev.* 79(1): 66-75, 2021

5) Longland TM et al: Higher compared with lower dietary protein during an energy deficit combined with intense exercise promotes greater lean mass gain and fat mass loss: a randomized trial. *Am J Clin Nutr.* 103(3)2016

6) Areta JL et al: Timing and distribution of protein ingestion during prolonged recovery from resistance exercise alters myofibrillar protein synthesis. *J Physiol.* 591(9):2319-2331, 2013

7) Snijders T et al: Protein Ingestion before Sleep Increases Muscle Mass and Strength Gains during Prolonged Resistance-Type Exercise Training in Healthy Young Men. *J Nutr.* 145(6):1178-1184, 2015

8) Madzima TA et al: Night-time consumption of protein or carbohydrate results in increased morning resting energy expenditure in active college-aged men. Br. *J Nutr.* 111(1):71-77, 2014

参考文献

厚生労働省「日本人の食事摂取基準（2020年度版）」

文部科学省「日本食品標準成分表2020年版（八訂）」全体版
　https://www.mext.go.jp/a_menu/syokuhinseibun/mext_01110.html

文部科学省「食品成分データベース」
　https://fooddb.mext.go.jp/

学びの確認

（　　　　　　　）に入る言葉を考えてみよう。

①たんぱく質の材料は（　　　）種類の（　　　　　　　）である。

②たんぱく質を構成するアミノ酸のうち、ヒトの体内で合成できず食事から摂ることが必要とされる（　　　　）アミノ酸が 9 種類ある。

③たんぱく質は身体の構成成分であり、特に（　　　　）は水分を除くとほとんどがたんぱく質からできている。

④摂取したたんぱく質は、（　　　）や（　　　　）や（　　　　）から分泌される消化酵素によって分解される。これを（　　　　）という。分解されたアミノ酸小腸粘膜を通過して体内に入ることを（　　　　）という。

⑤運動をする人の 1 日のたんぱく質摂取目標量は、体重 1kg あたり（　　　　）〜（　　　　）g とされる。

⑥体組成を改善し、パフォーマンスを上げるためのたんぱく質の摂取間隔はおおよそ（　　　）時間おきである。

⑦たんぱく質が多く含まれる通常食品は（　　　）類、（　　　　）類、（　　　）類、（　　　）類、（　　　）類である。

⑧動物性たんぱく質はアミノ酸スコアが（　　　　）の良質なたんぱく質であるが、（　　　　）が多く含まれるので摂取方法には注意が必要である。

⑨植物性たんぱく質の代表的な食品は、大豆・大豆製品であるが、米や小麦などの（　　　）類も、1 日の摂取量が多い植物性たんぱく質源である。

⑩プロテインサプリメントは、主に（　　　　　）や大豆などの食品からたんぱく質を分離し精製したものである。

なぜこの章を学ぶのですか？

　脂質＝太るもの、と悪者のイメージをもつ人もいるでしょう。エネルギーを多く必要とするアスリートでは、脂質は大事なエネルギー源であり、極端な制限は競技パフォーマンスを低下させてしまいます。一方で、過剰な摂取は体脂肪の増加や肥満につながるため、脂質を正しく認識した上で上手につきあうことが競技パフォーマンスを考える以前に健康保持の観点からも重要です。

第 5 章の学びのポイントは何ですか？

　脂質の性質を決める「脂肪酸」の種類とそれぞれの違いについて正しく理解することです。脂質の適切な摂取をめざし、料理や食品選択に活かすことができるようになりましょう。

＼ 考えてみよう ／

① ヒトの体内では、脂質はどのような働きがあるだろうか？

② 脂質の多い食事、または少ない食事がどのような内容か、普段の食事をふりかえってみよう。

Case 体重階級制競技選手の減量計画

栄養サポートに至る経緯

　大学柔道部に所属する B 選手は、以前、試合前に食事回数と脂質摂取の極端な制限による体重コントロールで除脂肪量が減り、競技パフォーマンスが低下したことがあった。体重階級制競技では、減量時に単に体重を落とすのではなく、体脂肪を減らして筋肉量を維持すること、つまり除脂肪量を減らさないことが重要である。B 選手は自炊中心の食生活で、専門職による食事指導管理が求められたことから、栄養サポートを行った。

B 選手のプロフィール

▶ 20 歳女性。大学生で柔道部所属 52 kg 級。週 6 日練習。
▶ エネルギー摂取量は、通常 2,800 kcal/ 日。
▶ エネルギー産生栄養素バランス★は、たんぱく質 20％、脂質 25％、炭水化物は 55％。
▶ 通常時の体重は 56 kg 前後で、1 か月後の試合までに 4 kg ほどの減量が必要である。

★エネルギー産生栄養素バランス…エネルギーを産生する栄養素である、たんぱく質、脂質、炭水化物とそれらの構成成分が総エネルギー摂取量に占めるべき割合（％ エネルギー）。

栄養アセスメントによる課題抽出

課題❶ 脂質を極端に制限している。
課題❷ 朝食を欠食することで、エネルギー摂取量を制限している。
課題❸ 炭酸水で空腹を満たしている。

栄養サポート計画・内容

　減量期間は大会までの 1 か月間として食事内容を調整した Point 1 。エネルギー摂取量は 2,000 kcal/ 日、エネルギー産生栄養素のバランスは、たんぱく質 25％、脂質 20％、炭水化物は 55％ Point 2 。B 選手が自炊可能なメニュー内容で必須脂肪酸が不足することがないような献立を作成し、それを自宅で調理してもらった Point 3 。

Point 1　1 日 3 食に加え、補食（練習前・後）を取り入れる。
Point 2　極端な脂質制限を回避するため、脂肪エネルギー比率は 20 ～ 25％を維持する。
Point 3　不飽和脂肪酸の多い魚やオリーブオイル、ごま油などを使用する。

　B 選手は上記の食事内容で食事を続け、減量期間はパフォーマンスを落とすことがなかった。試合 1 週間前からは、食物繊維を控えめにして食事量を減らし、その後、塩分と水分を慎重に制限して計量にパスした。

1 脂質の役割

脂質は水に溶けず、有機溶媒に溶ける性質をもつ化合物である。体内では細胞膜やホルモンの材料となるほか、脂溶性ビタミンの吸収を助ける。エネルギー産生栄養素の中で最も高密度のエネルギー源となる。ヒトが食事から摂る脂質はほぼ中性脂肪であり、これはグリセロールと脂肪酸からなる。脂肪酸は脂質の「質」を決めるものであり、その違いによって消化・吸収のしかたが異なる。

1 脂質の働き

（1）脂質とは

＊1　有機溶媒
水に溶けない物質を溶かす、常温常圧で液体の有機化合物の総称。エタノール・ベンゼン・アセトン・クロロホルムなど。

脂質とは、水に溶けず、有機溶媒＊1 に溶ける性質をもつ化合物である。

脂質は化学構造の違いから、図5-1 のように単純脂質、複合脂質、誘導脂質に分類される。単純脂質には、中性脂肪やろうがあり、そのうち中性脂肪は、主に脂肪として身体に蓄えられ、必要に応じてエネルギー源として利用される。複合脂質には、細胞膜を構成するリン脂質や糖脂質があり、誘導脂質には、コレステロールや胆汁酸、性ホルモンなどのステロールがある。

図 5-1　脂質の分類

単純脂質	複合脂質	誘導脂質
グリセロール　脂肪酸	糖　　P	飽和脂肪酸
中性脂肪	糖脂質　　リン脂質	コレステロール　脂肪酸　不飽和脂肪酸

（2）脂肪酸の種類

私たちが食事で口にする中性脂肪の構成成分である脂肪酸は、その化学構造の違いによって分類されており、働きも異なる（図5-2）。脂質は、炭素の二重結合をもたない飽和脂肪酸と二重結合をもつ不飽和脂肪酸に分類され、さらに不飽和脂肪酸は一価不飽和脂肪酸、多価不飽和脂肪酸に分類される。そのうち、多価不飽和脂肪酸のn-3系脂肪酸とn-6系脂肪酸は、食事から摂取する必要のある必須脂肪酸である。これは体内で合成できず、欠乏すると皮膚炎などが発症する恐れがあるためである。日本人の食事摂取基準

図 5-2　脂質の種類と構成

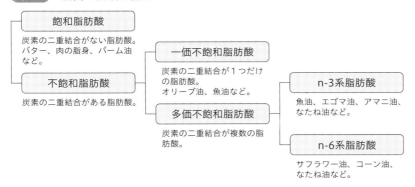

において、摂取量の基準が示されている 3 つの脂肪酸についてここでは取り上げる。

❶飽和脂肪酸

　飽和脂肪酸は、体内合成が可能である。肉類や乳製品で多く含まれる。飽和脂肪酸の多い食事をすると肥満や高 LDL コレステロール血症[*2]、心筋梗塞をはじめとする循環器疾患の危険因子にもなり得る。したがって、摂取量の上限量が定められている。

❷ n-3 系脂肪酸

　不飽和脂肪酸のうち炭素の二重結合が 2 つ以上の多価不飽和脂肪酸で、必須脂肪酸である。n-3 系脂肪酸は、植物油に多く含まれるα－リノレン酸、魚油に多く含まれるエイコサペンタエン酸（EPA）やドコサヘキサエン酸（DHA）に大別される。

❸ n-6 系脂肪酸

　多価不飽和脂肪酸である n-6 系脂肪酸も、n-3 系脂肪酸と同じように必須脂肪酸である。n-6 系脂肪酸には、植物油に多く含まれるリノール酸、卵黄や豚レバーなどに多く含まれるアラキドン酸、γ－リノレン酸などがある。アラキドン酸やγ－リノレン酸はリノール酸の代謝産物であるため、特に重要な必須脂肪酸はリノール酸といえる。

（3）体の中での脂質の働き

❶細胞膜などの構成成分

　脂質は、細胞膜の主要な構成成分であり、リン脂質、糖脂質、コレステロールが主な成分である。摂取量が極端に不足すると、細胞膜の正常な働きを保つことができなくなる可能性がある。令和元年の国民健康・栄養調査では脂質の過剰摂取の傾向にあり、これに伴う生活習慣病のリスク増加が課題とされている[1]。

＊2　LDL と高 LDL
コレステロール血症
LDL は Low Density
Lipoprotein の略称。
全身へコレステロール
を輸送するリポタンパ
ク質のこと。
LDL コレステロール
は、増加すると動脈硬
化を促進するため、悪
玉コレステロールとも
呼ばれている。
高 LDL コレステロー
ル血症は、LDL コレス
テロールが 140 mg/dL
以上で、中性脂肪やコ
レステロールなどの脂
質代謝に異常をきたし
た状態のこと。

❷ステロイドホルモンの合成に関与

ステロイドホルモンは、副腎皮質や生殖腺においてコレステロールから合成されるもので、体内の機能維持を円滑にするための役割を担う。なお、コレステロールは、体内で合成でき、また食事による摂取量が多くなると、これにあわせて体内合成量を調整する働きもある。しかし、脂質、エネルギーそれぞれの過剰摂取が続くことや遺伝要因で、血中の LDL コレステロール値が上昇する場合もある。脂質異常症の重症化予防の観点で、コレステロールは 200 mg/ 日未満にとどめることが望ましいとされている。

❸エネルギーの産生と貯蔵

脂質はエネルギー産生の主要な栄養素である。脂質 1 g あたり 9 kcal のエネルギー量を産生する。同じエネルギー産生栄養素の炭水化物、たんぱく質と比較して 2 倍以上のエネルギー量を産生することから、ヒトはエネルギー源として優先的に脂質を蓄積すると考えられている。

❹脂溶性ビタミンの吸収に関与

ビタミン（第 2、6 章参照）の中でも述べているように、脂溶性ビタミンであるビタミン A、D、E、K は、食事中の脂質の量に依存して吸収される。このように脂溶性ビタミンの吸収を助ける働きがあるため、脂質の極端な摂取制限は避けるべきである。

2 脂質の体内でのゆくえ

（1）脂質の消化と吸収

脂質は脂溶性であるため、水溶性の環境である消化管や血液となじまないことから、炭水化物やたんぱく質とは異なる消化吸収の過程をたどる。

食事中の脂肪の主な成分はトリアシルグリセロール[*3] である。これは胃へ運ばれて、消化液の胃リパーゼで少量が分解される。小腸へ運ばれたトリアシルグリセロールは、膵臓から分泌される膵リパーゼによって、モノアシルグリセロールと 2 つの脂肪酸に加水分解される。そして、肝臓、胆のうから分泌された胆汁酸で乳化されて水に溶けやすいミセルという構造を形成する（図 5-3）。その後、小腸粘膜上皮細胞から吸収され、再びトリアシルグリセロールに再合成され、カイロミクロン[*4] へ取り込まれてリンパ管へ輸送される。なお、トリアシルグリセロールのように炭素が数多く連なったものは長鎖脂肪酸と呼ばれる。一方で、これより炭素の連なりが少ない短鎖脂肪酸や中鎖脂肪酸は、ミセルを形成しないため、小腸の毛細血管から吸収され、門脈を経由して肝臓へ輸送される（図 5-4）。

＊3　トリアシルグリセロール
食事から摂取する脂肪の主な成分。脂肪酸 3 分子とグリセロール 1 分子が結合した構造。

＊4　カイロミクロン
中性脂肪やコレステロールなどを含む、リポタンパク質。

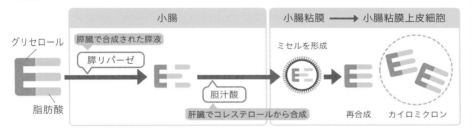

図 5-3　脂質の消化と吸収の流れ

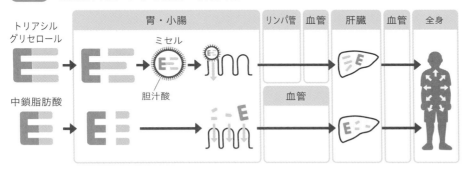

図 5-4　炭素数の違いによる消化と吸収の違い

（2）脂質の利用と貯蔵

　リンパ管から肝臓に輸送されたカイロミクロンは、肝臓でリポタンパク質[*5]（VLDL、LDL、HDL[*6]）となり、血液を介して全身に輸送されて利用されるか、脂肪細胞に貯蔵される。

　食後は、血糖値を正常に戻すためにインスリンが放出されるが、インスリンは、血中の脂肪を脂肪組織へ取り込むリポタンパク質リパーゼ[*7]の活性を高め、脂肪組織への貯蔵を促す。空腹時や絶食時など、血糖が減少すると、脂肪組織に蓄えられていた脂肪を血中に放出するホルモン感受性リパーゼが活性化し、全身のエネルギー源として利用される（図 5-5）。

　血液を介して全身に輸送された脂質は、常にエネルギー源として利用される。心臓を動かす心筋のエネルギー源の多くは脂質である。また、安静時には、そのエネルギー源のうち約半分が脂質由来である。しかし、脂質がエネルギーとして利用されるまでの過程は、炭水化物を利用してエネルギーを産生する解糖系（第 3 章 p.50 参照）よりも長い。そのため、脂質は、激しい運動時の主なエネルギー源として利用される量は少なくなる。

　なお、貯蔵されている脂質の量は、体重 50 kg で体脂肪率 20％の場合だと体脂肪量は 10 kg となり、単純にエネルギー換算すると、約 90,000 kcal を貯蔵していることになる。

＊5　リポタンパク質
水になじまない脂質を血液やリンパ管になじむようにリン脂質やタンパク質で構成された粒子。

＊6　HDL と VLDL、LDL との違い
HDL は High Density Lipoprotein の略で、高比重リポタンパク質。全身へ運ばれたコレステロールを回収して肝臓へ輸送する。そのため善玉コレステロールといわれている。
VLDL は超低比重リポタンパク質、LDL は低比重リポタンパク質で、これらは肝臓や小腸で吸収したコレステロールを全身へ運ぶ。

＊7　リポタンパク質リパーゼ
リポタンパク質に含まれる中性脂肪を分解して、脂肪組織への貯蔵を促す（脂質をエネルギーとして貯蔵）。

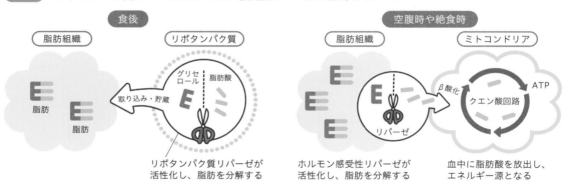

図 5-5　リポタンパク質リパーゼとホルモン感受性リパーゼの作用のイメージ

食後

脂肪組織　　　　　　　　リポタンパク質

グリセロール　脂肪酸

脂肪

脂肪

取り込み・貯蔵

リポタンパク質リパーゼが
活性化し、脂肪を分解する

空腹時や絶食時

脂肪組織　　　　　　　　ミトコンドリア

β酸化　　　ATP

クエン酸回路

リパーゼ

ホルモン感受性リパーゼが
活性化し、脂肪を分解する

血中に脂肪酸を放出し、
エネルギー源となる

2　脂質の補給

　脂質の望ましい摂取割合は、脂肪エネルギー比率で 20 ～ 30％エネルギーである。脂質は消化に時間がかかるため、腹持ちがよい。高エネルギーを必要とするアスリートは食事量を抑えつつ、必要なエネルギーを摂取できるメリットがある。たんぱく質源となる食品には脂質が多く含まれることがあり、使用する部位にも気をつけたい。飽和脂肪酸は心血管疾患のリスクを高くするため、不飽和脂肪酸を積極的に摂取することが望ましい。

1　脂質の必要量と活用

（1）脂質の必要量

　総エネルギー量に占める脂質からのエネルギーの割合を脂肪エネルギー比率（％エネルギー）という。日本人の食事摂取基準では、1 歳以上は 20 ～ 30％エネルギーとしている。飽和脂肪酸は、高 LDL コレステロール血症や循環器疾患の危険因子であるため、生活習慣病の発症予防の観点から年齢区分に応じて 7 ～ 10％エネルギー以下と基準値が設定されている。なお、n-3 系脂肪酸と n-6 系脂肪酸は必須脂肪酸であるが、有用な研究が十分に存在しないことから現在の日本人の摂取量の中央値に基づいて 1 日あたりの基準が設定されている。

　アスリートは一般の人よりも食事量が多くなるため、調節が上手くいかない場合には肥満や脂質代謝異常に陥る可能性もある。そのため、アスリートにおいても、基本的には一般の人と同じ範囲内で摂取量を調節したい。

（2）脂質の活用

❶脂質の補給

　脂質は、炭水化物やたんぱく質よりもエネルギー産生が多いため、エネルギー摂取量を容易に増加させる栄養素である。したがって、1 歳以上で 20 ～ 30％エネルギーという脂肪エネルギー比率を意識して食事を検討する。

　本章 Case は 1 日に 2,000 kcal が必要な減量期のアスリートであり、この場合の食事の脂質量は以下のように算出できる。

> 脂質のエネルギー量は、
> 2,000 kcal ×（20 ～ 30％）÷ 100 = 400 ～ 600 kcal
> 脂質のエネルギー量から脂質量を求めると、
> 400 ～ 600 kcal ÷ 9 kcal★ = 44.4 ～ 66.7 g

★ 9 kcal …1 g あたりの脂質のエネルギー量

　これを「アスリートの食事の基本型」（第 2 章 p.39 図 2-14 参照）にあてはめた内容が 図 5-6 である。ここでポイントとなるのが、たんぱく質源となる食品の選択である。たんぱく質源の食品は、その量や部位によって脂質の含有量にも違いがあるため、気をつけたい。

　例えば、朝食はサンドイッチ、昼食はクリームパスタ、夕食はとんかつ定

図 5-6　Case における食事内容（脂肪エネルギー比率：20％エネルギー）

朝食　592 kcal	昼食　658 kcal	夕食　500 kcal	補食　254 kcal
たんぱく質：31.3 g 脂質：16.7 g 炭水化物：86.2 g	たんぱく質：44.6 g 脂質：17.3 g 炭水化物：88.3 g	たんぱく質：30.4 g 脂質：10.2 g 炭水化物：79.7 g	たんぱく質：16.3 g 脂質：0.9 g 炭水化物：45.4 g

・ごはん…150 g ・温泉卵…1 個 ・納豆…1 パック ・ほうれん草とサクラエビのお浸し…小鉢 1 皿 ・ちくわとお野菜の味噌汁 ・無脂肪ヨーグルト…100 g 　（アマニ油 4 g） ・キウイ…1/2 個	・ごはん…150 g ・皮なし鶏もも肉の照り焼き…120 g ・野菜のサラダ…1 皿 　（オリーブオイルと粉チーズがけ） ・わかめの味噌汁 ・無脂肪ヨーグルト…100 g ・キウイ…1/2 個	・玄米ごはん…150 g ・マグロとサーモンとアジのお刺身…各 30 g ・もずくときゅうりの酢の物…小鉢 1 皿 ・中華スープ（ごま油入り） ・無脂肪ヨーグルト…100 g ・パイナップル…100 g	・プロテイン…1 杯 ・みたらし団子…1 本 ・スポーツドリンク…1 本 500 mL

1 日合計……2,003 kcal　たんぱく質：122.6 g（24.5％）　脂質：45.1 g（20.3％）　炭水化物：299.6 g（55.3％）

注　栄養価は、株式会社マッシュルームソフト「栄養価計算 ヘルシーメーカープロ 501 栄養指導編 R2021」を使用して筆者が算出した。

食など脂質が多い食事にすると、摂取量は容易に多くなる。ただ、脂質量を調整することは時にストレスを大きく感じることもあるため注意したい。

❷脂質の特性を活かした補給方法

　食事から摂取する脂質の多くが、長鎖脂肪酸のトリアシルグリセロールである。トリアシルグリセロールはミセルを形成し、さらにカイロミクロンとなってリンパ管を経由したのち、ようやく肝臓へ到達するという代謝の特徴を有しているため、消化と吸収には、たんぱく質や炭水化物よりも時間がかかる。そのため、一般的には腹持ちがよいとされている。その特性を活かして、食事の中に適度な脂質を用いることで、食事の満足感やおいしさを充足させることもできる。

　そのほかにも脂質は、炭水化物やたんぱく質に比べると少量で高エネルギーを得ることができることから、高エネルギーを必要とする競技アスリートは、食事量を抑えつつ、必要なエネルギー量を確保できるというメリットがある。

❸競技力と脂質の活用

　炭水化物やたんぱく質は、競技パフォーマンス向上を目的とした摂取量や摂取タイミングなど多くのガイドラインがある。一方で、脂質は、公衆衛生のガイドライン（日本人の食事摂取基準など）に従った上で、トレーニングレベルと身体組成の目標に基づいて個別に設定すべきであるとの見解にとどまっている[2]。なお、脂質は炭水化物よりも圧倒的に体内貯蔵量が多いため、炭水化物の欠乏時には脂質代謝で発生するケトン体[*8]が脳と全身のエネルギー源として利用できるようになる。この原理を利用した低炭水化物、高脂質の食事（「ケトン食」と呼ばれている）による競技力向上について研究が行われているが、特に一致した見解が得られていない[3, 4, 5]。安易に取り入れようとはせずに、スポーツ栄養士をはじめとした専門家へ相談の上、実施の可否を検討することが必要である。

2 脂質と食事

（1）脂質を含む食品とその特徴

❶食用油

　脂質を含む食品であるサラダ油やオリーブ油、ごま油などは、そのほとんどが「油」である。そのため、当然、揚げ物や炒め物などの調理法は脂質の含有量が多くなる。

＊8　ケトン体
アセトン、アセト酢酸、βヒドロキシ酪酸の総称で、絶食などにより脂質の利用が高まることで、過剰に生成されるアセチルCoAから産生される。

❷肉類

　肉類で白く見える部分は主に「脂」である。そもそも、「油」と「脂」の使い分けは、「油」が主に植物性で、常温で液体のものをさすのに対し、「脂」は主に動物性に含まれているものをさす。 表 5-1 は、たんぱく質を多く含む食品であるが、例えば、豚肉の中でも「ばら」と「ヒレ」では、たんぱく質は「ヒレ」の方が多い。ただ、脂質は「ばら」の方が、「ヒレ」より 10 倍近く多い。このように同じたんぱく質源の食材であっても、その部位によっては脂質の含有量に大きな差がある。つまり、脂質の含有量が多いと食品のもつエネルギーは高くなるため、選択には注意したい。

❸乳類

　乳類の中でも乳製品のバターや生クリーム、チーズは脂質が多い食品である。つまり、それらを多く使用しているクロワッサンやデニッシュパン、ク

表 5-1　たんぱく質を多く含む食品の部位・種類による栄養価の違い

（100 g あたり）

食品群	食品名	エネルギー (kcal)	たんぱく質 (g)	脂質 (g)	炭水化物 (g)
肉類	牛肩ロース	295	16.2	26.4	0.2
	牛ばら	381	12.8	39.4	0.3
	牛もも	196	19.5	13.3	0.4
	牛ヒレ	177	20.8	11.2	0.5
	豚肩ロース	237	17.1	19.2	0.1
	豚ばら	366	14.4	35.4	0.1
	豚もも	171	20.5	10.2	0.2
	豚ヒレ	118	22.2	3.7	0.3
	鶏むね（皮つき）	133	21.3	5.9	0.1
	鶏むね（皮なし）	105	23.3	1.9	0.1
	鶏もも（皮つき）	190	16.6	14.2	0.0
	鶏もも（皮なし）	113	19.0	5.0	0.0
	鶏ささみ	98	23.9	0.8	0.1
魚類	さけ	124	22.3	4.1	0.1
	サーモン	223	19.6	17.0	0.1
	くろまぐろ（赤身）	115	26.4	1.4	0.1
	くろまぐろ（脂身）	308	20.1	27.5	0.1
	さば	295	17.2	26.8	0.4
	するめいか	76	17.9	0.8	0.1
乳類	普通牛乳★	63	3.4	3.9	4.9
	低脂肪牛乳★	43	3.9	1.0	5.7
豆類	糸引き納豆	86	7.4	4.5	5.4
	豆乳（調製豆乳）★	66	3.4	3.8	5.0

★ 100 mL あたり

出典　文部科学省「日本食品標準成分表 2020 年版（八訂）」をもとに筆者作成

表 5-2　洋菓子と和菓子の栄養価の違い

食品名	目安量	エネルギー(kcal)	たんぱく質(g)	脂質(g)	炭水化物(g)
洋菓子					
ショートケーキいちご	1切・120 g	377	8.3	17.6	51.2
ミルクチョコレート	1枚・50 g	276	3.5	17.1	27.9
ドーナッツ	1個・65 g	246	4.2	12.6	29.6
クッキー	2枚・20 g	102	1.1	4.8	13.7
シュークリーム	1個・100 g	211	5.5	10.4	24.1
和菓子					
カステラ	1切・50 g	156	3.6	2.5	30.9
どら焼（つぶあん）	1個・80 g	234	5.3	2.6	46.3
ようかん	1切・50 g	145	1.8	0.1	35.0
大福もち（つぶあん）	1個・100 g	223	4.7	0.6	52.8
みたらし団子	1本・80 g	155	2.6	0.3	35.9

出典　表 5-1 に同じ文献をもとに筆者作成

図 5-7　洋菓子と和菓子のエネルギーでみた内訳

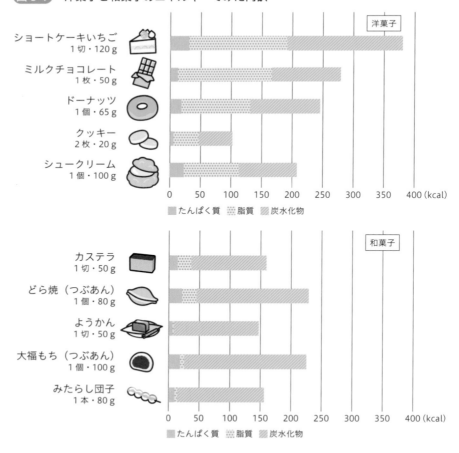

84

リームソースを使った料理では、脂質が多い。また、ショートケーキやチーズケーキ、チョコレートやクッキーといった洋菓子には、バターや生クリームを多用するため、脂質が多く含まれている。しかし、カステラやようかん、大福もちといった和菓子では、乳製品の使用量は比較的少ないので、脂質よりも早くエネルギー源となる炭水化物の方が多く含まれている（ 表 5-2 図 5-7 ）。そのため、エネルギー補給を目的とした補食の際には、洋菓子よりも和菓子をおすすめする。

（2）脂肪酸からみた食品とその特徴

❶飽和脂肪酸、不飽和脂肪酸を多く含む食品とその特徴

　飽和脂肪酸の多い食品は、主に肉類や乳類、卵類などの動物性食品と、パーム油やヤシ油（ココナッツオイル）、マーガリンなどの一部植物性食品である。一方、不飽和脂肪酸の多い食品は、豆類やごま油、オリーブオイルなどの植物性食品と、動物性食品であるが、魚類に含まれる魚油は不飽和脂肪酸の多い食品である。日本人の食事摂取基準によると飽和脂肪酸は、18歳以上で7％エネルギー以下とされており、含有量の多い肉類や乳類、卵類などにおいては、摂りすぎないように注意する必要がある。これらの食品は主要なたんぱく質源にもなる食品ではあるものの、それだけに偏らず、不飽和脂肪酸の多い豆類や魚類も取り入れて、適切な摂取バランスに整えたい。

　ラードや牛脂などは、肉類の脂の部分のみを活用したもので、これらの脂は融点の高い飽和脂肪酸が多いため、常温では個体であることが多い。一方、魚類や植物性食品に含まれる脂は、不飽和脂肪酸が多く、飽和脂肪酸よりも融点が低いため、常温でも液体であることが多い。脂質には脂肪酸の種類によって吸収や機能が異なるため、単に摂取量だけではなく、その内容にも注目することで、必須脂肪酸の適量摂取の実現や飽和脂肪酸の摂取過多を防ぐことができる。

　なお、トランス脂肪酸[9]といわれる不飽和脂肪酸があるが、これはマーガリンやファストスプレッド、ショートニングなどを含んだ洋菓子や揚げ物に含まれる。トランス脂肪酸は冠動脈疾患の明らかな危険因子の1つとされており、人体にとって必要な栄養素ではないことから、摂取量は総エネルギー摂取量の1％未満にとどめることが望ましい。

❷中鎖脂肪酸を多く含む食品とその摂取

　MCT（Medium Chain Triglyceride）オイルとも呼ばれる中鎖脂肪酸は、その消化・吸収の特性からエネルギー源として利用されやすく、代謝の特徴から「体に脂肪がつきにくい」とラベル等に表示のある特定保健用食品もある。中鎖脂肪酸を多く含む食品は、飽和脂肪酸であるパーム油やヤシ油（コ

＊9　トランス脂肪酸
二重結合の炭素に結びつく水素の向きで、同じ方向につくのがシス型、互い違いにつくのがトランス型である。

コナッツオイル）、牛乳などである。しかし、エネルギー量が多い「油」には変わりないので、摂りすぎには注意する。多量に摂取した場合には、下痢や吐き気、胃腸の不調も報告されており[6]、競技パフォーマンス向上のサプリメントとしての有効性や安全性を裏付ける証拠はほとんどないとされている[7]。脂質に関しても様々な研究や報告があるが、たった1つの情報だけをもとに判断せず、信頼性の高いエビデンスに基づいて、多角的に検討することが必要である。

引用文献

1）厚生労働省「令和元年国民健康・栄養調査結果の概要」令和2年12月　p.37

2）Thomas DT et al: Position of the Academy of Nutrition and Dietetics, Dietitians of Canada, and the American College of Sports Medicine: Nutrition and Athletic Performance. *J Acad Nutr Diet.* 117 (1) :146. *J Acad Nutr Diet.* 2017

3）Bailey CP et al: A review of the ketogenic diet for endurance athletes: performance enhancer or placebo effect? *J Int Soc Sports Nutr.* 17 (33) 2020

4）Burke LM et al: Low carbohydrate, high fat diet impairs exercise economy and negates the performance benefit from intensified training in elite race walkers. *J Physiol.* 595 (9) : 2785-2807, 2017

5）Chang CK et al: Low-Carbohydrate-High-Fat Diet: Can it Help Exercise Performance? *Journal of human kinetics.* 56: 81-92, 2017

6）Asker EJ et al: Fat supplementation, health, and endurance performance. *Nutrients.* 20 (7) :678-688, 2004

7）Kerksick CM et al: ISSN exercise & sports nutrition review update: research & recommendations. *J Int Soc Sports Nutr.* 15 (38) 2018

参考文献

厚生労働省「日本人の食事摂取基準（2020年版）」2020年

文部科学省「日本食品標準成分表2020年版（八訂）」全体版
　https://www.mext.go.jp/a_menu/syokuhinseibun/mext_01110.html

学びの確認

（　　　　　　　）に入る言葉を考えてみよう。

①脂質は、（　　　）に溶けず、（　　　　　　　）に溶ける性質をもつ化合物である。

②多価不飽和脂肪酸の（　　　　　　）脂肪酸と（　　　　　　）脂肪酸は、食事から摂取する必要のある（　　　　）脂肪酸である。

③脂質は、（　　　　　　）などの構成成分である。

④脂質は、エネルギーの産生と貯蔵にかかわり、（　　　　　　）ビタミンの吸収に関与する。

⑤食事中の脂肪の主な成分は、（　　　　　　　　　　）である。

⑥脂質は、（　　　　）を動かすエネルギー源の多くを占める。

⑦脂質の目標量は、％エネルギーで、1歳以上の年齢で（　　　）～（　　　）％とされている。

⑧アスリートのエネルギー補給のための補食には、脂質の少ない（　　　　　　）が推奨される。

⑨（　　　　　　　　　　）は、冠動脈疾患の危険因子の1つとされている。

⑩エネルギー源として利用されやすい脂肪酸は、（　　　　　　）である。

ビタミン

なぜこの章を学ぶのですか？

ビタミンは、エネルギー源（たんぱく質・脂質・炭水化物）を効率よくエネルギーに変換したり、筋肉の合成を促したりする際の「潤滑油」の役割を果たします。そのほかにもリカバリー、免疫力向上、炎症の抑制など身体のコンディション維持を助けます。このように、ビタミンはアスリートの競技パフォーマンス発揮のために不可欠な栄養素だからです。

第6章の学びのポイントは何ですか？

ビタミンの働き、つまりビタミンがかかわる体内の代謝を理解することです。また、ビタミンが豊富に含まれる食品の特性を学びましょう。

＼ 考えてみよう ／

① 自分が知っているビタミンを挙げてみよう。

② アスリートは一般の人よりも多くのビタミンが必要といわれているが、なぜだろうか？　考えられる理由を挙げてみよう。

Case　陸上長距離部の夏合宿中の食事管理と補給計画

栄養サポートに至る経緯

　　箱根駅伝の常連校の大学陸上長距離部である。過酷な夏合宿のトレーニングをケガやコンディション不良（貧血・風邪など）なく乗り切ることができれば、秋以降の駅伝シーズンでの飛躍が期待できるため、夏合宿中の栄養サポートを重要視した。

対象チームのプロフィール

▶ 大学陸上競技部に所属する男子大学生 53 名。
▶ 夏合宿時の月間走行距離は、通常練習期と比べて 100 km 以上増える。夏合宿時のエネルギー消費量は、通常練習期の 1.8 倍近くにもなる。
▶ アップダウンの激しい山道を合宿地とすることも多い。

栄養アセスメントによる課題抽出

課題❶ 通常練習期に比べ、活動量が圧倒的に増加する。
課題❷ 貧血を引き起こす因子（足底への衝撃による溶血、炎症による鉄吸収の低下、多量の発汗による鉄損失）が多い。
課題❸ 炎症、疲労骨折、共同生活や環境変化に起因する感染症などの可能性が高くなる。

栄養サポート計画・内容

▶ 高強度トレーニングのため、炭水化物の摂取量は体重 1 kg あたり 10 g を目標にする Point 1 。
▶ 炭水化物の摂取量の増加に伴うエネルギー代謝促進のため、ビタミン B$_1$ の摂取量を増やす Point 2 。
▶ 貧血予防に対する、造血、鉄吸収の促進のためのビタミンの強化 Point 3 。
▶ 炎症、疲労骨折、感染症に対する、各種代謝などに関与するビタミンの強化 Point 4 。

Point 1 　炭水化物を食事のみならず、補食からも確保する。
Point 2 　ビタミン B$_1$ 供給源の食材を毎食取り入れる。
Point 3 　ビタミン C、ビタミン B$_6$、ビタミン B$_{12}$、葉酸の摂取を強化。
Point 4 　食事のみでは必要量が不足するビタミン A、ビタミン E を効率的に摂取できる野菜ジュースを活用。

合宿後の選手の状態

　　大部分の選手が大きなケガやコンディション不良（貧血・風邪など）がなく夏合宿を終えることができた。

1 ビタミンの役割

ビタミンは、エネルギー産生、筋肉・血液・骨の合成、身体の成長など、体内での代謝にかかわる栄養素である。エネルギー代謝が活発で、身体づくりが重要なアスリートは、一般の人よりも必要量が多くなる。ビタミンのほとんどは体内で合成できないため、食事からの十分な摂取が必要である。

1 ビタミンの働き

（1）ビタミンとは

ビタミン（vitamin）は、「生命活動に必要なアミン」という意味から、ラテン語で生命（Vital）と、生命に不可欠な窒素を含むアミン（Amine）を合わせたビタミン（vitamine）という名称に由来する[*1]。ビタミンは、それ自体がエネルギー源や身体の構成成分にはならないものの、微量で体内の代謝に重要な役割を果たす不可欠な存在である。

（2）補酵素としてのビタミン

人間が生きていくためには、エネルギーの産生や筋肉・血液・骨の合成、身体の成長といった代謝が必要である。この代謝を助けるのが酵素である。酵素はたんぱく質で構成されているが、酵素だけでは働くことができず、働けるかたちにする補酵素が必要となる。その補酵素こそがビタミンである。

酵素は、アポ酵素（たんぱく質）と補酵素（ビタミン）が組み合わさり、ホロ酵素という活性型になってはじめて酵素としての機能を発揮する（図6-1）。そのため、体内のビタミンが不足すると酵素が十分に働くことができず、代謝障害を引き起こし、身体的・精神的な疲労感、成長障害、免疫力の低下など様々な不調をきたす。このように、代謝にかかわる重要なビタミンだが、一部を除き体内で合成できないため、そのほとんどは食事から摂取する必要がある。特に、エネルギー代謝が活発で身体づくりが重要なアスリートは、一般の人よりも必要量が多くなるため、不足することがないように摂取したい。

＊1 ビタミンの由来
最初に発見されたビタミンB₁はアミンの1種（アンモニアからできる化合物）であったことから、ポーランド人の生化学者カシミール・フンクが名づけた。その後、アミン化合物ではないビタミンも発見されたことから、末尾のeを略した現在の「vitamin」という表記になった。

図6-1 酵素と補酵素の関係性

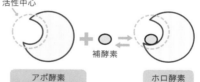

休んでいるかたち　　働けるかたち

活性中心

補酵素

アポ酵素（酵素タンパク質）　　ホロ酵素

2　ビタミンの分類

（1）水溶性ビタミン

　水溶性ビタミンは血液などの体液に溶け込んでおり、余分に摂取したものは尿から排泄され、過剰摂取による症状が現れにくい。しかし、身体に貯めておくことができないため、毎日の食事から摂取することが必要である。水溶性ビタミンは、ビタミンB群（B_1、B_2、B_6、B_{12}、葉酸など）とビタミンCが該当する。特にビタミンB群は、エネルギー産生栄養素であるたんぱく質、脂質、炭水化物をエネルギーとして利用する際に必要なビタミンである。アスリートは、エネルギー産生栄養素の摂取量が一般の人と比較して多く、それに伴いビタミンB群の需要も増える。したがって、ビタミンB群を確実に摂取することでエネルギー代謝を効率よく行うことができる。

（2）脂溶性ビタミン

　脂溶性ビタミンは油に溶けやすいビタミンのことで、脂肪組織や肝臓に貯蔵することが可能である。一方で、過剰に摂取することのリスクもあるので、摂取量には注意が必要である。脂溶性ビタミンはビタミンA、ビタミンD、ビタミンE、ビタミンKの4種類である。調理の際に油で炒めることで吸収が高まるのも特徴である。また、体脂肪量が極端に少ないアスリートは脂溶性ビタミンの吸収が悪くなり、栄養障害を引き起こす可能性がある。

2　コンディションとビタミン

　ビタミンはその種類によって体内での代謝にかかわる様々な役割をもっている。つまり、ビタミンの特性を理解した適切な摂取が良好なコンディションを獲得することにつながる。

1　良好なコンディションの獲得へ向けた対策

　練習量が普段よりも多い時期（合宿期など）や精神的にストレスがかかりやすい試合期は、コンディションを崩しやすい。本章 Case のような合宿期は、長時間練習をするケースが多く、活動量が大幅に増加するため、普段よりもエネルギーが必要になり、炭水化物の摂取量も増える。これに伴い、炭水化物をエネルギーに変換する際のビタミン B_1 の需要も増える。また、貧

表 6-1　コンディション獲得の対策項目と関連するビタミン

対策	関連するビタミン
炭水化物エネルギー代謝	ビタミン B_1
貧血	ビタミン C、ビタミン B_6、ビタミン B_{12}、葉酸
炎症	ビタミン C、ビタミン E
疲労骨折	ビタミン D
感染症	ビタミン A、ビタミン C、ビタミン E、ビタミン D

血を引き起こす因子が多いことや、炎症、疲労骨折、共同生活や環境変化に起因する感染症などの可能性が高くなる。したがって、表6-1に挙げたように、貧血予防に対する造血および鉄吸収促進のためのビタミン強化や、炎症、疲労骨折、感染症に対する各種代謝などに関連するビタミンの強化が必要になる。ビタミンは、トレーニングの期分けや対策を講じたいポイントに応じて、意識的に摂取量を増やしていくことが望ましい。

2　コンディションとビタミンの関係

（1）水溶性ビタミン

❶ビタミン B_1

　ビタミン B_1 の主な働きは、炭水化物をエネルギーに変換することである。炭水化物からエネルギーを産生する代謝経路である解糖系では、ピルビン酸が最終産物としてつくられる（第 3 章 p.50 図 3-5 参照）。そして、このピルビン酸がアセチル CoA となり、クエン酸回路に入っていく際に必要な栄養素がビタミン B_1 である（図 6-2）。体内のビタミン B_1 が不足していると炭水化物から十分にエネルギーを産生できなくなり、疲労感、食欲不振、倦怠感（だるさを感じる）といった症状が現れる。特に、暑さにより食欲が低下する夏季には、麺類のみの食事、冷たい清涼飲料水やアイスクリームなどを摂りすぎてしまうことで、炭水化物の過剰摂取になることがある。そのときにビタミン B_1 を十分に摂らないと「身体がだるい」と感じるいわゆる夏バテの症状が出る可能性もある。

　ビタミン B_1 が欠乏した状態で運動を行うと、最大酸素摂取量が 16％ほど低下する[1]。また、高強度トレーニングを実施している時期は、血中ビタミン B_1 濃度が有意に低下する[2, 3]。アスリートのパフォーマンス面において、特に合宿などの高強度トレーニングを実施している時期は摂取不足に注意したい。

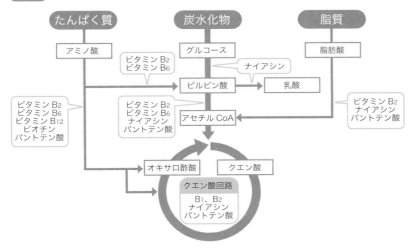

図 6-2　ビタミン B 群が関与するエネルギー代謝

❷ビタミン B₂

　ビタミン B_2 はエネルギー産生の中心的役割を担っているが、最も特徴的働きは脂質をエネルギーに変換することである。脂質がエネルギーに代謝される経路を β 酸化と呼ぶが、脂肪酸から炭素が 2 個ずつ外れていき、それぞれがアセチル CoA となり、エネルギーに変換される。その β 酸化の最初の段階で必要なのがビタミン B_2 である。

　ビタミン B_2 は β 酸化以外にもクエン酸回路、電子伝達系など多くのエネルギー代謝にかかわっているため、エネルギー産生を効率よく行う必要のあるアスリートは不足なく摂取したい。また、脂質の摂取量が多い、もしくはエネルギー必要量が多いというアスリートは不足する可能性がある。

　アスリート以外では、成長期の子どもにおいてビタミン B_2 が不足すると成長障害を生じることがある。そのほかにも皮膚・粘膜・髪・爪などの細胞の再生にも関与しており、欠乏すると口内炎、口角炎、舌炎、脂漏性皮膚炎を引き起こす。

❸ナイアシン

　ナイアシンは炭水化物の代謝、クエン酸回路、脂質の β 酸化などが主な働きである。そのほか、ビタミン C、ビタミン E を介する抗酸化系、ステロイドホルモンの生合成、DNA の修復・合成、細胞分化などその役割は多岐にわたる。

　ナイアシンは、体内では必須アミノ酸のトリプトファンからも合成できるため、アミノ酸の材料であるたんぱく質を十分に摂取していれば欠乏症はあまり見られない。一方で、ナイアシンを多量に摂取すると遊離脂肪酸の代謝が妨げられ、運動中の糖質利用が亢進する。これに伴って、グリコーゲンの

消費量が増えるので疲労感が増しパフォーマンスが低下する。

❹ビタミンB6

　ビタミンB6の主な働きは体内でのたんぱく質、アミノ酸の代謝である。したがって、たんぱく質の摂取量に応じて必要量が増加する。たんぱく質、アミノ酸からのエネルギー産生や筋肉の合成だけではなく、免疫機能の維持、皮膚や粘膜の機能維持、赤血球の合成などの様々な生理作用がある。また、ビタミンB6はGABA（Gamma-Amino Butyric Acid）という神経伝達物質の合成にもかかわることがわかっている。GABAは、ストレスを軽減する効果が期待される物質である[4]。

　ビタミンB6はアミノ酸代謝だけではなく、アミノ酸系神経伝達物質である生理活性アミンの代謝、脂質代謝、糖新生（第3章参照）にも関連しているため、ビタミンB6の欠乏はパフォーマンス面にも影響を与える可能性がある。

　プロテインやアミノ酸を大量に摂取したり、レジスタンストレーニングをしたりするアスリートはビタミンB6の必要量が増える。またマラソンなどの持久系競技においても筋肉量の維持、筋肉のダメージ回復の観点から不足しないように注意する。

❺ビタミンB12

　ビタミンB12の主な働きは、赤血球の合成で、葉酸とともに造血に関与している。ビタミンB12と葉酸が欠乏するとDNA合成が障害され、核分裂が抑制されるため正常な赤血球が合成されず、巨赤芽球性貧血[*2]の発症や赤血球の減少を引き起こす（図6-3）。

❻葉酸

　葉酸の主な働きは、ビタミンB12と同様に赤血球の合成である。また、細胞増殖に必要なDNAの合成にもかかわっているため、身体づくりや発育に重要なビタミンである。

　葉酸の大きな特徴としては、ホモシステインとの関連である。ホモシステ

＊2　巨赤芽球性貧血
ビタミンB12または葉酸の欠乏によりDNA合成障害をきたし、骨髄に異常に巨大な赤血球ができる貧血のこと。主な症状は動悸、息切れ、疲労感。

図6-3　赤血球合成のイメージ

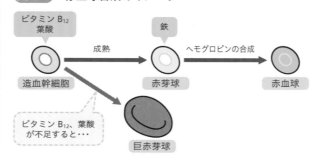

インは必須アミノ酸であるメチオニンの中間生成物で、ホモシステインが増えると身体が酸化し、筋肉、骨、血管などの組織を傷つける。体内に溜まったホモシステインをメチオニンに代謝するのに必要なビタミンが、葉酸とビタミン B_{12} である。これらが不足するとホモシステインが増え、体内の酸化が亢進するため、ケガやコンディション不良のリスクが高まる。

❼ビタミンC

ビタミンCの主な働きは、皮膚や細胞のコラーゲン合成である。コラーゲンは哺乳動物において最も多量に存在するたんぱく質の1つで、生体の総たんぱくの30%を占めている。靭帯、腱などはコラーゲンで構成されており、それらの合成にビタミンCが必須である。

また、ビタミンEとともに活性酸素[*3]を除去して細胞を保護する働きもある。アスリートは日々のトレーニングにより活性酸素を生じやすいため、ビタミンCとビタミンEからの抗酸化作用を効果的に利用したい。

それ以外の働きとして、鉄の吸収を促進することによる貧血予防、アドレナリンの合成や副腎皮質ホルモン（コルチゾール）の合成への関与による抗ストレス作用、白血球の増加による免疫力向上作用が挙げられる。アスリートへのビタミンCの補給に関して、運動後のコルチゾールや抗酸化指標が減少したことが報告されている[5, 6]。

ビタミンCは、運動、ストレス、喫煙などにより必要量が増加する。そのため、肉体的・精神的なストレスを受けているアスリートはビタミンCの不足に注意が必要である。ビタミンCが欠乏すると、コラーゲン合成が阻害されるために血管がもろくなり出血傾向となり、壊血病[*4]になりやすい。また、コラーゲンの合成や骨形成が阻害されることによって骨の脆弱性を招くリスクが高まる。

（2）脂溶性ビタミン

❶ビタミンA

ビタミンAは、レチノール・レチナール・レチノイン酸の総称である。ビタミンAの主成分であるレチノールは光の明暗や色の識別に関係する網膜のロドプシンの構成成分で、視覚機能に重要である。レチノイン酸は成長や上皮組織の維持に必要である。このようにビタミンAは視覚機能、細胞分化、遺伝子発現、皮膚や粘膜細胞を正常に保つ作用、成長や生殖能などに関与している。

ビタミンAの典型的な欠乏症として、乳幼児では角膜乾燥症から失明に至ることもあり、成人では夜盲症[*5]を発症する。その他、成長阻害、骨や神経系の発達抑制もみられ、上皮細胞の分化・増殖の障害、皮膚の乾燥・肥

＊3　活性酸素
反応性の高い酸素分子種の総称。酸素流入は運動時には安静時の100倍に達する。活性酸素の生成が抗酸化機能を上回ると細胞に障害をもたらし、がん、炎症などの誘発、赤血球変形能（赤血球が流れる際に形を変える能力）の低下、免疫力の低下が生じる。

＊4　壊血病
出血性の障害を引き起こす。症状は、疲労倦怠、いらいらする、顔色が悪い、皮下や歯茎からの出血、貧血、筋肉減少、心臓障害、呼吸困難などである。

＊5　夜盲症
暗い場所で視力が著しく低下する。薄暗いところでものが見えにくくなる。

厚・角質化、免疫能の低下や粘膜上皮の乾燥などから感染症にかかりやすくなる恐れもある。一方で、レチノイン酸は、骨芽細胞を阻害し破骨細胞を活性化することが明らかとなっている[5] ことから、アスリートにおけるビタミンA摂取と骨健康についてはさらなる検討が必要である。

❷ビタミンD

　ビタミンDの主な働きは、腸管や腎臓でのカルシウム、ならびにリンの吸収を促進し、骨形成と成長を促すことである。骨は、コラーゲンを中心としたたんぱく質の枠組みの上に、リン酸カルシウムが沈着（石灰化）して形成される（第12章 p.164 図12-7 参照）。ビタミンDが欠乏すると、石灰化障害（小児ではくる病、成人では骨軟化症）が促される[6]。したがって、ビタミンDが不足すると疲労骨折の発症リスクを高めることがわかっている[7]。

　天然のビタミンD活性を有する化合物として、きのこ類に含まれるビタミンD_2（エルゴカルシフェロール）と、魚肉及び魚類肝臓に含まれるビタミンD_3（コレカルシフェロール）に分類される。また、ビタミンD_3はヒトの皮膚に存在するプロビタミンD_3が紫外線にあたることによって生成したプレビタミンD_3からも生成される（図6-4）。このことから、血中のビタミンD濃度は紫外線量が多い夏季には高く、冬季は低いという季節変動があることがわかっている。屋内競技ならびに冬季競技に従事するアスリートでは、紫外線を浴びる機会が少なくなるため、より注意が必要である。

　ビタミンDは骨や筋肉への影響[8] 以外にも、免疫力の向上、疾病予防などとの関連が報告されているため、最低でも推奨量以上の摂取量は確保したい。

❸ビタミンE

　ビタミンEの主な働きは、抗酸化作用である。細胞膜のリン脂質二重層内に存在し、生体膜を構成する不飽和脂肪酸（第5章参照）を活性酸素から守る役割を果たしている。その際に、ビタミンCとともに活性酸素を消去する。それ以外の働きとして血流促進、動脈硬化の予防にも関与している。

　動物におけるビタミンE欠乏実験では、不妊、脳軟化症、肝臓壊死、腎障害、溶血性貧血、筋ジ

図6-4　体内でのビタミンDの変化

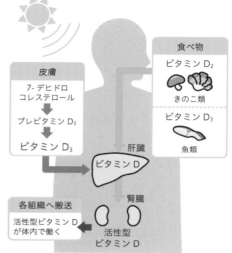

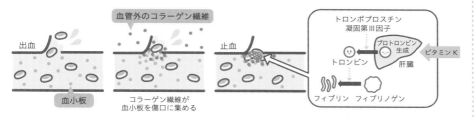

図 6-5　血液凝固のメカニズムとビタミン K の関係

ストロフィーなどの症状を呈する。過剰症としては、出血傾向が上昇する。

❹ビタミン K

　ビタミン K は、天然のものとしてビタミン K_1（フィロキノン）、ビタミン K_2（メナキノン）の 2 種がある。ビタミン K_1 は植物が光合成するときに合成され、主に植物の葉緑体でつくられることから緑黄色野菜や海藻類に含まれる。ビタミン K_2 は微生物によって合成されることから納豆などに多く含まれており、腸内細菌によっても合成されるため、通常の食生活では、ビタミン K 欠乏症は発症しない。

　ビタミン K の主な働きは血液凝固と骨形成である。血液を凝固させるためにはプロトロンビンなどの血液凝固因子が必要で、プロトロンビンが肝臓で生成される際にビタミン K は補酵素として働く（図 6-5）。ビタミン K は骨に存在するオステオカルシンという骨に存在するたんぱく質を活性化し、カルシウムを骨に沈着させて骨形成を促す作用もある。さらに、ビタミン K 依存性たんぱく質 MGP（Matrix Gla Protein）の活性化を介して動脈の石灰化を抑制することも重要な生理作用である。

3　ビタミンが含まれる食品とその特徴

（1）水溶性ビタミンの必要量と多く含まれる食品

　水溶性ビタミンの必要量と含有の多い代表的な食品を表 6-2 に挙げた。

　ビタミン B_1 が多く含まれる食品は、香気成分のアリシンを含む玉ねぎやにんにく、ニラと一緒に調理するとビタミン B_1 と結合してアリチアミンとなり、小腸からの吸収が高まる。

　ビタミン B_2 は動物性たんぱく質に多く含まれるため、ベジタリアンやビーガンなどの厳格な菜食主義者は不足する可能性が高い。そのため、積極的に大豆製品を摂取したり、サプリメントの導入を検討したりする必要がある。

　ナイアシンは、たらこ、まぐろ赤身、鶏むね肉などの動物性食品、落花生、とうもろこし、きのこ類（干ししいたけ、エリンギ、まいたけ）などの植物

表 6-2 水溶性ビタミンを多く含む代表的な食品

栄養素と必要量	多く含まれる食品（1食あたりの含有量）			
ビタミン B$_1$ 18～29歳の推奨量 男性 1.4 mg/日 女性 1.1 mg/日	豚ヒレ肉（焼き） 70 g 1.46 mg	銀鮭（焼き） 60 g 0.08 mg	枝豆（ゆで） 15個・50 g 0.12 mg	玄米 茶碗1杯・150 g 0.24 mg
ビタミン B$_2$ 18～29歳の推奨量 男性 1.6 mg/日 女性 1.2 mg/日	ぶり（焼き） 60 g 0.23 mg	豚レバー（生） 60 g 2.16 mg	牛乳 200 mL 0.31 mg	糸引き納豆 1パック・45 g 0.25 mg
ナイアシン 18～29歳の推奨量 男性 15 mgNE/日 女性 11 mgNE/日	たらこ（生） 30 g 16.2 mgNE	まぐろ赤身（生） 5切れ・90 g 13.5 mgNE	鶏むね（焼き） 70 g 18.9 mgNE	落花生（いり） 10粒・8 g 2.2 mgNE
ビタミン B$_6$ 18～29歳の推奨量 男性 1.4 mg/日 女性 1.1 mg/日	さば（焼き） 60 g 0.32 mg	かつお（生） 5切れ・90 g 0.68 mg	鶏ささみ（焼き） 70 g 0.41 mg	バナナ 1本・90 g 0.34 mg
ビタミン B$_{12}$ 18～29歳の推奨量 男性・女性 2.4 μg/日	牡蠣（水煮） 5個・100 g 24 μg	あさり（生） 殻付きカップ1杯・80 g 41.6 μg	ほたるいか（ゆで） 5個・30 g 4.2 μg	鶏レバー（生） 焼き鳥2本分・60 g 26.4 μg
葉酸 18～29歳の推奨量 男性・女性 240 μg/日	モロヘイヤ（ゆで） 50 g 34 μg	いちご 5粒・70 g 63 μg	糸引き納豆 1パック・45 g 54 μg	鶏レバー（生） 焼き鳥2本分・60 g 780 μg
ビタミン C 18～29歳の推奨量 男性・女性 100 mg/日	キウイフルーツ（黄） 1個・100 g 140 mg	オレンジ 1/2個・120 g 48 mg	パプリカ（油炒め） 1/2個・60 g 110 mg	さつま芋（蒸し） 100 g 20 mg

注　貝類・野菜・果物は可食部あたりの重量。
出典　厚生労働省「日本人の食事摂取基準（2020年版）」、文部科学省「日本食品標準成分表2020年版（八訂）」をもとに筆者作成

性食品に含まれる。なお、ナイアシンは熱に強く、加熱調理による損失はない。また水に溶けやすい性質があるため、スープなどにして汁ごと飲めるようにすると効率よく摂取できる。

ビタミン B_6 は、さば、かつお、まぐろ、さけ、さんまなどの魚介類に豊富に含まれる。肉類に偏った食事をしている場合には不足することがある。ゆで汁や煮汁と一緒に摂取すると無駄なく摂取できる。また、非加熱調理の方がビタミンの損失が少ないため、刺身や皮をむくだけのバナナは有用な供給源といえる。

ビタミン B_{12} は、野菜にはほとんど含まれていないため、菜食主義者は不足しやすい。

葉酸は、水に溶けやすく熱に弱いため、加熱しないで食べられるサラダや汁ごと食べられるスープとして食べると効率的に摂取できる。

ビタミン C は、熱に弱く、加熱調理により分解されるが、じゃが芋やさつま芋などはビタミン C がでんぷんにより保護されているため、調理後にもほとんど分解されずに残る。

（2）脂溶性ビタミンの必要量と多く含まれる食品

脂溶性ビタミンの必要量と含有の多い代表的な食品を 表6-3 に挙げた。脂溶性ビタミンは、その名の通り「脂（あぶら）に溶けるビタミン」である。油で炒めたり、揚げたり、ドレッシングと一緒に食べると吸収が高まる。

ビタミン A はにんじん、ほうれん草、モロヘイヤなどの緑黄色野菜、うなぎ、レバー、卵黄などの動物性食品に含まれる。過剰症の恐れがあるため、含有量の多いレバーやうなぎを高頻度で摂取することは避ける。

ビタミン D は、さけ、ぶり、さば、いわし、かつお、しらすなどの魚介類、きのこ類（しいたけ、きくらげ、まいたけ）、鶏卵に含まれる。しいたけは、日光にあてるとビタミン D を増やすことができる。ビタミン D が強化された食品も流通しているので、食生活に取り入れていくことも必要である。

ビタミン E は、アーモンド、落花生などの種実類、うなぎなどの魚介類、植物油（ひまわり油、サフラワー油、オリーブオイル）、緑黄色野菜（かぼちゃ、モロヘイヤ、パプリカなど）、アボカド、豆・豆製品に含まれる。光に弱いため、保存するときは光を避ける。酸や熱には強いので調理による損失はほとんどない。通常の食品からの摂取において、ビタミン E 欠乏症や過剰症は発症しない。ほかの脂溶性ビタミンと比べて体内に蓄積しにくいため、活性酸素を多量に発生しやすいアスリートは意識して摂取したい。

ビタミン K を主に含む食品は、納豆、葉物野菜（ほうれん草、小松菜、モロヘイヤ、春菊、ニラ）、ブロッコリー、海藻類（わかめ、のり）などで

| 表 6-3 | 脂溶性ビタミンを多く含む代表的な食品 |

栄養素と必要量	多く含まれる食品（1 食あたりの含有量）			
ビタミン A 18 〜 29 歳の推奨量 男性 850 µgRAE/日 女性 650 µgRAE/日	にんじん（ゆで） 60 g 440 µgRAE	ほうれん草（油炒め） 50 g 320 µgRAE	うなぎ（蒲焼） 1 切れ・50 g 750 µgRAE	鶏レバー（生） 焼き鳥 2 本分・60 g 8400 µgRAE
ビタミン D 18 〜 29 歳の目安量 男性・女性 8.5 µg/日	銀鮭（焼き） 60 g 12.6 µg	ぶり（焼き） 60 g 3.2 µg	しらす 10 g 1.2 µg	きくらげ（乾燥） 5 個・1.5 g 1.3 µg
ビタミン E 18 〜 29 歳の目安量 男性 6.0 mg/日 女性 5.0 mg/日	アーモンド 10 粒・10 g 3.0 mg	うなぎ（蒲焼） 1 切れ・50 g 2.5 mg	かぼちゃ（ゆで） 60 g 2.8 mg	アボカド 1/2 個 85 g 2.8 mg
ビタミン K 18 〜 29 歳の目安量 男性・女性 150 µg/日	糸引き納豆 1 パック・45 g 270 µg	モロヘイヤ（ゆで） 50 g 230 µg	ブロッコリー（ゆで） 60 g 110 µg	わかめ 20 g 24 µg

出典　表 6-2 に同じ文献をもとに筆者作成

＊6　ワルファリン
心筋梗塞症などの血栓塞栓症の治療目的で処方される血液凝固阻止剤。

ある。血液凝固阻止剤のワルファリン[6]を服用中の場合には、ビタミン K を摂取すると薬剤の効果が弱まり血液が凝固しやすくなる。特に、納豆菌は大腸内でビタミン K を合成するため納豆の摂取は避け、ビタミン K を豊富に含む青汁、クロレラの摂取量には注意する。

引用文献

1）Van der Beek EJ et al: Thiamin , riboflavin and vitamin B$_6$:inpact of restricted intake on physical performance in man. *J Am Coll Nutr.* 13:629-640, 1994

2）Sato A et al:Dietary thiamin and riboflavin intake and blood thiamin and riboflavin concentrations in college swimmers undergoing intensive training. *Int J Sport Nutr Exerc Metab.* 21:195-204, 2011

3）Peake JM:Vitamin C;effects of exercise and requirements with training. *Int J Sport Nutr Exerc Metab.* 13（2）:125-151, 2003

4）A Yoto et al: Oral intake of γ-aminobutyric acid affects mood and activities of central nervous system during stressed condition induced by mental tasks. *Amino Acids.* 43（3）:1331-1337, 2012

5 ）Michaelsson K et al :Serum retinol levels and the risk of fracture. *N Engl J Med*. 348: 287-294, 2003

6 ）Bloomer RJ et al: Effects of antioxidant therapy in women exposed to eccentric exercise. *Int J Sport Nutr Exerc Metab*. 14（4）:377-388, 2004

7 ）Dao D et al: Serum 25-Hydroxyvitamin D Levels and Stress Fractures in Military Personnel: A Systematic Review and Meta-analysis. *Am J Sports Med*. 43（8）:2064-2072, 2015

8 ）Zhanget L et al: Effect of vitamin D supplementation on upper and lower limb muscle strength and muscle power in athletes: A meta-analysis, *PLoS One*. 14（4）:2019

┌ 学 び の 確 認 ───

（　　　　）に入る言葉を考えてみよう。

①ビタミンはエネルギー産生などの代謝の働きを助けるため（　　　　）と呼ばれている。

②（　　　　）ビタミンは過剰症のリスクは少ないが、身体に貯めておくことができないため、毎日の食事から摂取することが必要である。

③ビタミンは一部を除き体内で合成できないため（　　　）から摂取する必要がある。

④炭水化物をエネルギーに変換する際に必要なビタミンで、主に豚肉に含まれるビタミンは（　　　　）である。

⑤血液の合成に関与し、貧血の予防に不可欠な栄養素はビタミン B_{12} と（　　　）である。

⑥じん帯・腱などのコラーゲン合成に関与し、ビタミン E とともに活性酸素を除去する役割のあるビタミンは（　　　　）である。

⑦紫外線を浴びる機会の少ない屋内競技および冬季競技に従事するアスリートが不足傾向で、骨や筋肉の合成に関与し、主に鮭などの脂ののった魚に含まれるビタミンは（　　　　）である。

⑧血液凝固と骨形成に関与しており、特に納豆に豊富に含まれるビタミンは（　　　）である。

⑨玉ねぎやにんにくなどの香気成分である（　　　　）は、ビタミン B_1 の吸収を高めるため、一緒に調理することで効率的にビタミン B_1 を吸収できる。

⑩ビタミンは野菜、果物、豆・豆製品などの植物性食品だけでなく、（　　　）にも含まれる。

ミネラル

なぜこの章を学ぶのですか？

　骨などの生体組織の構成要素になるほかに、様々な代謝反応を助ける役割をもつのがミネラルです。アスリートは、不足によって貧血や骨粗鬆症などの健康への重大な影響も引き起こす可能性もあるため、意識したい栄養素だからです。

第7章の学びのポイントは何ですか？

　ミネラルの不足によって陥りやすい貧血はアスリートのコンディション不良の1つです。原因を理解し、その予防のための食事内容を学びます。

＼＼ 考えてみよう ／／

1 アスリートが気をつけたいミネラルの働きや食品はどんなものがあるだろうか？

2 アスリートが貧血を引き起こす原因を考えてみよう。

Case 鉄欠乏性貧血疑いのチアリーディング選手への サポート計画

栄養サポートに至る経緯

　大学チアリーディング部に所属する C 選手のポジションは、人を持ち上げたり、人を空中に飛ばしたりするベースである。練習中にふらつく症状があり、立っていられなくなり倒れた。その後、受診し、鉄欠乏性貧血の可能性があると指摘された。医師から食事内容の改善の指示があり、継続的な栄養サポートを実施することとなった。

C 選手のプロフィール

▶ 大学 1 年生（18 歳）、大学チアリーディング部所属（チアリーディング歴 13 年）
▶ 身長 160.5 cm、体重 50.2 kg、除脂肪量 38.7 kg、脂肪量 11.5 kg、体脂肪率 23.0％
▶ 月経　異常なし
▶ チーム練習　5 〜 6 日 / 週、レジスタンストレーニング 1.5 時間 / 週

アセスメントによる課題抽出

課題❶ エネルギーバランスが負の状態である可能性があった（炭水化物の摂取量が少なかった）。
課題❷ 練習スケジュールにあわせた計画的な食べ方ができていなかった。
課題❸ 鉄の摂取量が不足していた。

栄養サポートの目標と内容

▶ C 選手のパフォーマンス年間目標（「人をより高く飛ばす」「人を飛ばしたり、手に乗せ持ち上げた際にふらつかない」）をふまえ、身体組成の年間目標を体重 51.9 kg、除脂肪量 43.0 kg、脂肪量 8.9 kg、体脂肪率 17.1 ％と設定した。
▶ エネルギーバランスと鉄の摂取量の改善を図り、増量を目標に年間のサポートを行った。まず C 選手には貧血への理解を深めてもらい、その上で関連する栄養素の情報を提供した。また練習スケジュールを見通した食事の摂り方についてアドバイスした Point 1 Point 2 。なお、不足している鉄の摂取は、食事から 15 mg/ 日以上を目標量とし、さらに医師の指示により鉄剤（30 mg/ 日）を摂取してもらうこととなった Point 3 。

> Point 1 　約 3 か月毎日食事ノートを記録し、食事がきちんと摂れているかを確認した。
> Point 2 　身体組成（1 回 / 月）、血液検査（1 回 /3 か月）を実施、評価した。
> Point 3 　エネルギー量（特に炭水化物）と鉄の摂取目安量を示し、食事内容を調整した。

　1 年後には C 選手は練習中にふらつくことはなくなった。血清フェリチン値は正常に戻り、目標としていた増量も達成できた。また、エネルギーが不足しないように炭水化物をしっかりと摂り、鉄の吸収に関係する栄養素の組み合わせを考慮するなど食事内容に気をつける姿がみられた。

1 ミネラルの役割

ミネラルは、ビタミンと相互関係をもちながら消化・吸収などの活性化を助ける働きがある。ミネラルは、骨などの生体組織の構成成分でもあり、体内の生理機能の働きを維持・調整するために不可欠な微量栄養素である。体内でつくることができず、食事からの摂取が必要である。

1 ミネラルの働き

（1）ミネラルとは

　ミネラルは、mine（鉱山など）に由来の元素の総称である。地球上に存在する元素のうち、水素（H）、炭素（C）、窒素（N）、酸素（O）を除いた元素をミネラルと呼び、栄養学では無機質と同意で使われている。ミネラルの中でも、ヒトの体内に存在し、栄養素として欠かせないミネラルを必須ミネラルといい、現在 16 種類存在する。必須ミネラルは、今後の研究結果により増える可能性がある。

（2）ミネラルの種類と働き

　ミネラルはヒトの体内でつくることができないため、食事から摂取する必要がある。16 種類の必須ミネラルは、多量（主要）ミネラル[*1]と微量ミネラル[*2]に分類される。多量ミネラルはナトリウム、カリウム、カルシウム、マグネシウム、リン、硫黄、塩素の 7 種類、微量ミネラルは鉄、亜鉛、銅、マンガン、ヨウ素、セレン、クロム、モリブデン、コバルトの 9 種類である。そのうち 13 種類（16 種類のミネラルより硫黄、塩素、コバルトを除く）のミネラルについて厚生労働省が摂取基準を設けている。

　ミネラルは、生体の構成成分としての役割や酵素の合成、活性にかかわり、代謝などの生理機能の調整をする働きがあり、神経や筋肉の機能を維持するために必要な微量栄養素である。一方で、過剰に摂取した場合の過剰症や中毒症状もあるため、摂取量の目安を把握し、過不足なく摂取することが大切である。Nutrition for Athlete（2016）[*3]では、活動量に見合った十分なエネルギーを摂取し、野菜や果物、豆・豆製品、穀物、脂質が少ない肉、魚、油を中心とした健康的な食事を摂っていれば、スポーツ活動により増加したミネラルの必要量を確保できる（カルシウムと鉄は除く）と記載されている。

*1 多量ミネラル
1日の摂取量がおよそ 100 mg 以上のミネラルのことをいう。

*2 微量ミネラル
1日の摂取量が 100 mg 未満のミネラルのことをいう。

*3 Nutrition for Athlete（2016）
IOC（国際オリンピック委員会）専門家グループがエビデンスに基づくスポーツ栄養に関する合同声明を発表した。その合同声明を基に作成された食事ガイドライン。

2 アスリートが意識したいミネラル

（1）鉄

❶鉄の働き

体内にある鉄の約 3 分の 2 は赤血球中のヘモグロビンにある。ヘモグロビンは、図7-1のように鉄を含む「ヘム」とたんぱく質の「グロビン」から構成されており、赤血球の中で酸素と結合し、体内に酸素を運搬する働きをもつ。残りの約 3 分の 1

図7-1　ヘモグロビンの構造

赤血球　ヘモグロビン　ヘム　グロビン

は貯蔵鉄として肝臓や脾臓に存在する。鉄の摂取量が不足すると、臓器に貯金されている組織鉄が減少し、この際に不定愁訴の症状が出現し始める。

鉄は通常、体内へ吸収できる量、排出量はともに約 1 mg/ 日である。女性は月経により約 30 mg/ 月の鉄を排出するため、女性に圧倒的に貧血が多くみられる。また、アスリートでは、発汗による鉄損失や消化管からの出血による鉄の消費量が増大する。これに加え、運動後には血中で鉄の吸収を抑制するように働くホルモンのヘプシジンの濃度が上昇する。したがって、運動後には鉄の吸収が数時間にわたり抑制されることになる。

❷鉄の必要量[*4] と摂取上の注意点

成長期の子どもや月経のある女性、妊婦・授乳婦では、鉄の必要量が多い。さらにアスリートの場合、鉄の必要量は一般人の 2 倍もしくはそれ以上になるという報告がある[1)]。また、女性は月経による出血量が多いほど、鉄欠乏性貧血のリスクが増加するという報告もある[2)]。このことから、月経時に出血量が多い女性アスリートは、より多くの鉄を意識して摂る必要がある。表7-1に挙げる食品などを上手に料理に取り入れたい。なお、鉄は、還元物質であるビタミン C（柑橘系果物、キウイ、カキ、いちご、小松菜、パプリカ、ブロッコリーなど）を同時に摂取することで吸収されやすくなる。一方で、タンニン（紅茶、コーヒー、緑茶など）は鉄の吸収を抑制するため、コーヒーなどを飲む際は食事から 2 ～ 3 時間空けた時間が望ましい。

（2）カルシウム

❶カルシウムの働き

カルシウムは体内に存在するミネラルの中で最も多い。体内のカルシウムの約 99％は骨や歯の骨組織、1％は細胞内、0.1％が血液中に存在する。血中のカルシウム量が低下すると、骨組織に存在するカルシウムを放出し、筋

＊4　鉄の摂取基準
日本人の食事摂取基準では以下のように 1 日あたりの摂取量を推奨している。
【男性】
12 ～ 17 歳 10.0 mg
成人 7.5 mg
【女性】
12 ～ 14 歳 12.0 mg
15 ～ 17 歳 10.5 mg
成人 10.5 mg（月経ありの場合）

表 7-1 アスリートが意識したいミネラル（鉄、カルシウム、マグネシウム、亜鉛）を多く含む代表的な食品

栄養素	多く含まれる食品とその含有量				
鉄	レバー 100 g 豚 13.0 mg 鶏 9.0 mg 牛 4.0 mg	赤身肉 100 g 和牛ヒレ赤身 2.5 mg 輸入ヒレ赤身 2.8 mg	あさり 中 7-8 個・100 g 3.8 mg	豆乳（調整豆乳）1 パック・200 mL 2.4 mg	小松菜 小鉢使用量・60 g 1.7 mg
カルシウム	普通牛乳 コップ 1 杯・200 g 220 mg	プレーンヨーグルト 全脂無糖 1 カップ・100 g 120 mg	豆腐 1/3-1/4 丁・100 g 木綿 93 mg 絹ごし 75 mg	小松菜 小鉢 1 杯・50 g 85 mg	めかぶ 1 カップ・50 g 39 mg
マグネシウム	あおさ（乾）みそ汁 1 杯使用量・3 g 96 mg	ひじき（乾）小鉢 1 杯・10 g 64 mg	豆腐 1/3 ～ 1/4 丁・100 g 木綿 57 mg 絹ごし 50 mg	アーモンド（乾）15 粒・15 g 44 mg	納豆 1 パック・45 g 45 mg
亜鉛	レバー 100 g 豚 6.9 mg 牛 3.8 mg 鶏 3.3 mg	牛肩ロース 100 g 和牛 4.6 mg 輸入 5.8 mg	牡蠣 10 個・100 g 14 mg	ほたて 1 個・100 g 2.7 mg	鶏もも（若どり皮つき）100 g 1.6 mg

注　野菜、貝類は可食部あたりの重量
出典　文部科学省「日本食品標準成分表 2020 年版（八訂）」をもとに筆者作成

細胞に入る。カルシウムといえば骨を連想することが多いだろうが、これ以外にもカルシウムには筋収縮や神経伝達、体液の濃度維持、血液凝固などの作用もある。運動時に足がつることもカルシウム不足がかかわっている。

❷ **カルシウムの必要量**[*5]**と摂取上の注意点**

　月経異常や利用可能エネルギー不足（p.161 図 12-3）のアスリートでは、骨を最適化するため、1,500 mg/ 日の摂取が望ましい[3]。また、骨のケガ予防や骨密度を高めるためには少なくとも 1,000 mg/ 日以上の摂取が望ましいと考えられる。厚生労働省の定める耐容上限量（健康障害をもたらすリスクがないとみなされる習慣的な摂取量）は 2,500 mg/ 日である。

　カルシウムの吸収は、体内の内因性因子や同時に摂取する栄養的因子に影

＊5　カルシウムの摂取基準
日本人の食事摂取基準では以下のように 1 日あたりの摂取量を推奨している。
【男性】
12 ～ 14 歳 1,000 mg
15 ～ 29 歳 800 mg
30 ～ 74 歳 750 mg
【女性】
12 ～ 14 歳 800 mg
15 ～ 74 歳 650 mg

響を受ける。体内のカルシウムが欠乏していると一時的に吸収が促進され、過剰であれば抑制される。そのため、過剰摂取の心配はほとんどない。ただし、カルシウムは吸収されにくい上に、発汗により排出されるため、発汗量が多いアスリートは日頃から摂取しておく必要がある。

　腸管からのカルシウムの吸収やカルシウムの骨への沈着には、ビタミンD、ビタミンKが必要になる。また、腸壁にカルシウムが存在している際、マグネシウムが不足するとカルシウムが吸収されず、便として排出されてしまう。カルシウムとマグネシウムは、バランス（カルシウム：マグネシウム＝1：1）を保ちながら体内の調整を行っている。このように、骨にかかわる栄養素は、カルシウムのみが重要ではなく、栄養素全体の摂取量を考える必要がある。ちなみに食材に含まれるカルシウムは、食材ごとに吸収率が異なる。乳製品で約40％、小魚で約30％、野菜で約20％弱である。

（3）マグネシウム

❶マグネシウムの働き

　マグネシウムは、必要とされる推奨量を満たすことで、骨からマグネシウムが遊離し利用されることを防ぐ。長期にわたるマグネシウムの不足は、骨粗鬆症、心疾患、糖尿病のような生活習慣病のリスクを上昇させることが示唆されているが、根拠としては不十分であるとされている[4]。

　運動能力との関係性については、運動によって血清濃度が低下し、補給することによって、エネルギー産生効率を高める可能性が報告されている[5]。一方で、推奨量を満たし、不足状態にならない限りは、パフォーマンスとの関連はないことも報告されており、さらなる研究の必要性が求められている。

❷マグネシウムの必要量[*6]と摂取上の注意点

　通常の食品以外からの摂取量の耐容上限量は、成人の場合350 mg/日、小児では5 mg/kg体重/日とされている。それ以外の通常の食品からの摂取の場合、耐容上限量は設定されていない。したがって、食事以外のサプリメントによる過剰摂取は注意しなければならない。過剰摂取の初期症状には、下痢や吐き気、腹部のけいれんなどが報告されており、さらに継続して過剰摂取を続けることで、食欲不振や筋力の低下、極度の低血圧、不整脈などが起こるとされている[6, 7]。

　マグネシウムは主に、ひじきなどの藻類や魚介類、豆類、穀類、野菜類などに多く含まれる（表 7-1）。

＊6　マグネシウムの摂取基準
日本人の食事摂取基準では以下のように1日あたりの摂取量を推奨している。
【男性】
12 〜 14 歳 290 mg
15 〜 17 歳 360 mg
18 〜 29 歳 340 mg
30 〜 64 歳 370 mg
65 〜 74 歳 350 mg
【女性】
12 〜 14 歳 290 mg
15 〜 17 歳 310 mg
18 〜 29 歳 270 mg
30 〜 64 歳 290 mg
65 〜 74 歳 280 mg

（4）亜鉛

❶亜鉛の働き

亜鉛は主に骨格筋、骨、皮膚、肝臓、脳、腎臓など広く分布しており、欠乏することによって、皮膚炎や味覚障害、慢性下痢、免疫機能障害、成長遅延、性腺発育障害などを引き起こす[8]。特に、消化管や表皮、呼吸器などの上皮における機能の維持には不可欠な栄養素であり、高強度のトレーニングを行っているアスリートの上気道感染症の予防にも有用性がある可能性が報告されている[9]。

❷亜鉛の必要量[*7]と摂取上の注意点

通常の食品において過剰摂取が生じることはなく、亜鉛の含有量が多いサプリメントを不適切に摂取することで生じる可能性がある。

亜鉛は主に、魚介類、肉類、藻類、野菜類、豆類、種実類などに多く含まれる（ 表7-1 ）。

＊7　亜鉛の摂取基準
日本人の食事摂取基準では以下のように1日あたりの摂取量を推奨している。
【男性】
12〜14歳 10 mg
15〜17歳 12 mg
18〜74歳 11 mg
【女性】
12歳以上 8 mg
妊婦は付加量として2 mg
授乳婦は付加量として4 mg

2　アスリートと貧血

貧血とは、各臓器や筋肉に酸素を供給する役割を担う血液中のヘモグロビンが少なくなった状態のことである。貧血の要因は様々だが、身体活動量が多いアスリートは、鉄の需要と排出が増加し、貧血のリスクが高まる。貧血の状態では全身の臓器に酸素が十分に届かず、疲れやすくなったり、ふらついたりして、競技パフォーマンスに影響を与えることがある。

1　貧血とパフォーマンスへの影響

（1）貧血とは

貧血とは、赤血球の中にあるヘモグロビンが少なくなった状態である。WHOの判定基準によると、貧血は、血液1 dLあたりのヘモグロビンの量が成人男性13.0 g以下、成人女性12.0 g以下である。アスリートにおいて発生頻度が高い鉄欠乏性貧血は、鉄が不足することでヘモグロビンの量が減り、全身に運べる酸素の量も少なくなっている状態を示す。

鉄欠乏性貧血の診断には、一般的に血液検査を用いる。このとき、ヘモグロビンだけではなく、血清鉄[*8]、血清フェリチン[*9]などの値もあわせて確認する。鉄欠乏性貧血は 図7-2 のように進行する。まず体内に蓄えられている血清フェリチンが低下する（前潜在性鉄欠乏）。続いて、血清フェリチンが枯渇すると、血清鉄が低下する（潜在性鉄欠乏）。さらに鉄欠乏状態が続

＊8　血清鉄
血液の中を流れる鉄分の量。

＊9　血清フェリチン
肝臓などで鉄と結合するたんぱく質。体の中に予備として蓄えられている貯蔵鉄量の指標。限界値は、12 ng/mL[10]と報告するものがあるが、アスリートにおける基準値は未だ確立されていない。女性アスリートにおいては、下限値を20 ng/mLに設定しているケースが多い[11]。

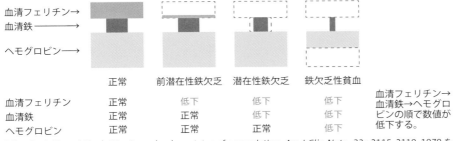

図 7-2　鉄欠乏性貧血の進行段階

血清フェリチン→
血清鉄 ————
ヘモグロビン→

　　　　　　　　　正常　　前潜在性鉄欠乏　潜在性鉄欠乏　鉄欠乏性貧血

	正常	前潜在性鉄欠乏	潜在性鉄欠乏	鉄欠乏性貧血	
血清フェリチン	正常	低下	低下	低下	血清フェリチン→血清鉄→ヘモグロビンの順で数値が低下する。
血清鉄	正常	正常	低下	低下	
ヘモグロビン	正常	正常	正常	低下	

出典　Cook JD, and Finch CA : Assessing iron status of a population. *Am J Clin Nuts* . 32 : 2115–2119, 1979 を
もとに筆者作成

くとヘモグロビンが低下し、最終的に鉄欠乏性貧血となる。したがって、血清フェリチンの値を確認することで、早期に鉄欠乏、いわゆる隠れ鉄欠乏（潜在性鉄欠乏）を評価できる[12]。

　本章 Case のようにアスリートでは、ヘモグロビンの値が正常でありながら、血清フェリチンが低下することがある。**図 7-2**では前潜在性鉄欠乏をさす。この状態は、ヘモグロビンの値が正常なので貧血ではなく、貧血を伴わない鉄欠乏状態（Iron Depletion without Anemia：IDNA）と表現されている。アスリートは、身体活動量が増加することにより種々の要因から鉄の出納バランスが負となる。IDNA は、鉄欠乏性貧血の前段階として、潜在性鉄欠乏に陥ることへの警告と位置づけられる。

　なお、アスリートにみられる貧血には鉄欠乏性貧血のほかに、希釈性貧血[*10]や溶血性貧血[*11]がある。

（2）貧血の原因

　アスリートが貧血を引き起こす原因は、主に鉄の損失量増大と鉄の供給不足である（**表 7-2**）。また、食事制限などによるエネルギー不足もある。エネルギー不足の状態で運動を実施すると、運動のためのエネルギーだけではなく、生命保持のためのエネルギーが不足する。その結果、運動に必要なエネルギーの一部を体たんぱく質から補うことになり、筋量低下やヘモグロビン増加のためのたんぱく質も不足してしまい、体内に鉄が十分あってもヘモグロビンをつくることができない。また、エネルギー摂取量が不足している状態で運動を行うとヘプシジン濃度が上昇し、鉄の吸収が抑制される。

（3）貧血によるパフォーマンスへの影響

　アスリートは、運動中に骨格筋が大量の酸素を必要とするため、貧血状態となるヘモグロビン値の低下は、競技パフォーマンスの低下を招きやすい。特に持久系競技は、酸素不足になると有酸素能力が低下するので貧血の影響

＊10　希釈性貧血
鉄の不足はないがヘモグロビン値が低い状態である。心肺機能強化や筋肉量増加に伴い、血漿量（血液の液体成分）が増加した結果、ヘモグロビン濃度が薄まった状態をさす。この場合の赤血球やヘモグロビン低値は、見かけ上であり、貧血症状は伴わない。アスリートの高い身体活動に適応した症状であり、治療を必要としない。

＊11　溶血性貧血
足底への物理的衝撃により赤血球が破壊されることで起こる。長時間走行により、足底への繰り返し衝撃を与える陸上長距離、裸足で強い踏み込み動作を繰り返し行う空手や剣道にかかわるアスリートに多くみられる。

表 7-2　貧血の原因

鉄の損失の要因	鉄の供給不足の要因
・発汗による流出 ・運動による消化管出血 ・物理的衝撃による溶血 　（足裏への衝撃、殴られるなどの衝撃による 　赤血球の破壊） ・筋肉の損傷等による体内鉄損失　など	・減量のための食事制限 ・食欲不振などによるエネルギー摂取量不足 ・偏食　など

を強く受ける。持久系競技の女性アスリートは、14.0 g/dL 以上で高いパフォーマンスが期待されるという報告がある[13]。また、貧血状態に陥ると慢性的な疲労感や頭痛により集中力やトレーニング意欲低下の原因になることもある。高い持久力が必要となる陸上長距離では、記録低下に直結するため気づくことも考えられるが、通常練習がハードな球技系競技では貧血状態であっても異変に気づきにくいことがある。本章 Case のように、これまで貧血症状の自覚がなかったため IDNA の異変に気づくことができない可能性も考えられる（チアリーディングは、2 分半を全力で演技する競技である）。

2　貧血を予防するための食事

　骨にかかわる栄養素がカルシウムだけではないように、血液に関係する栄養素も鉄だけではない。したがって、貧血の予防や改善を目的に、鉄だけに偏って摂取を続けてもよい結果につながらない。体内での鉄吸収は、同時に摂取する栄養的因子に影響を受ける。ビタミン C は鉄吸収を高め、ビタミン B_6、ビタミン B_{12}、葉酸は、造血にかかわる（第 6 章 p.94 図 6-3）。また、造血時に亜鉛が不足すると、赤血球を正常につくることができない。鉄欠乏と亜鉛欠乏は合併している場合が多く、推奨される摂取量よりも鉄を多く摂っているにもかかわらず貧血が改善しないのであれば、亜鉛不足の評価も行い[14]、亜鉛の摂取も意識したい。一方、カルシウムは、鉄の吸収を阻害すると報告されている[15]。鉄とともに不足しやすい栄養素として挙げられるカルシウムであるが、サプリメント等での過剰摂取を注意する必要がある。

　貧血を予防するためには、まずは十分なエネルギー量の確保を重視する。アスリートは活動量が多い上に、減量などで負のエネルギーバランスになることがある。この状態では、たんぱく質合成の低下が懸念されるからである。たんぱく質合成が低下すると、ヘムとグロビンの合成も低下し、結果的に、赤血球やヘモグロビンの低下にもつながる。したがって、エネルギー消費量に見合った量のエネルギーを食事から摂取する必要がある。

引用文献

1) Akabas SR and Dolins KR : Micronutrient requirements of physically active women: what can we learn from iron? *Am J Clin Nutr.* 81 (5) :1246S-1251S, 2005

2) Asakura K et al : Iron intake does not significantly correlate with iron deficiency among young Japanese women : a cross-sectional study. *Public Health Nutr.* 12 : 1373-83, 2009

3) Kitchin B : Nutrition counseling for patients with osteoporosis: a personal approach. *J Clin Densitom.* 16 : 426-31, 2013

4) Erdman JW, Macdonald IA, Zeisel H, eds. *Present knowledge in nutrition 10th ed.* ILSI Press, Washington D.C.: 459-474, 2012

5) Kerksick CM et al : ISSN exercise & sports nutrition review update: research & recommendations. *Int Soc Sports Nutr.* 15 (1) : 38, 2018

6) Ho J et al : Chronic diarrhea; the role of magnesium. *Mato Clin Proc.* 70 : 1091-1092, 1995

7) Nordt S et al : Hypermagnesemia following an acute ingestion of Epsom salt in a patient with normal renal function. *J Toxicol Clin Toxicol.* 34 : 735-739, 1996

8) Prasad AS : Discovery of human zinc deficiency: 50 years later. *J Trace Elem Med Biol.* 26 : 66-69, 2012

9) Kerksick CM et al : ISSN exercise & sports nutrition review update: research & recommendations. *Int Soc Sports Nutr.* 15 (1) : 38, 2018

10) Cook JD et al : Estimates of iron sufficiency in the US population. *Blood.* 68 : 726-731, 1986

11) Dellavalle DM and Haas JD : Iron status is associated with endurance performance and training in female rowers. *Med Sci Sports Exerc.* 44 : 1552-1559, 2012

12) Cook JD and Finch CA : Assessing iron status of a population. *Am J Clin Nuts.* 32 : 2115-2119,1979

13) Rietjens GJ et al : Red blood cell profile of elite Olympic distance triathletes. A three-year follow-up. *Int J Sports Med.* 23: 391- 396, 2002

14) Yokoi K et al : Association between zinc pool sizes and iron stores in premenopausal women without anaemia. *Br J Nutr.* 98 : 1214-1223, 2007

15) Hallberg L : Bioavailability of dietary iron in man. *Annu Rev Nutr.* 1 : 123-147, 1981

参考文献

WHO Scientific Group on Nutritional Anaemias & WHO. Nutritional anaemias : report of a WHO scientific group [meeting held in Geneva from 13 to 17 March 1967]. WHO, Switzerland, 1-37, 1968

厚生労働省「日本人の食事摂取基準（2020 年度版）」

文部科学省「日本食品標準成分表 2020 年版（八訂）」全体版
https://www.mext.go.jp/a_menu/syokuhinseibun/mext_01110.html

学びの確認

（　　　　　）に入る言葉を考えてみよう。

①ミネラルの中でヒトの体内に存在し、栄養素として欠かせないミネラルを（　　　　　）という。

②1 日の摂取量が約 100 mg 以上のミネラルを多量ミネラルといい、1 日の摂取量が約 100 mg 未満のミネラルを（　　　　　）という。

③鉄は（　　　　　）を同時に摂取することで吸収されやすくなるが、一方で（　　　　　）は鉄の吸収を抑制する。

④カルシウムには、骨組織になるほかに、（　　　）や（　　　　）、体液の濃度維持、血液凝固などの作用もある。

⑤マグネシウムは主に、ひじきなどの（　　）類や（　　）類、豆類、穀類、野菜類などに多く含まれる。

⑥亜鉛が欠乏すると、（　　　）や（　　　　）、慢性下痢、免疫機能障害、成長遅延、性腺発育障害などを引き起こす。

⑦アスリートにおいて最も発生頻度が高い貧血は（　　　　　）である。

⑧鉄欠乏性貧血の進行は、体内に蓄えられている（　　　　　）が低下し、続いて（　　　）、（　　　　　）が低下し、最終的に鉄欠乏性貧血となる。

⑨ヘモグロビンの値が正常でありながら、血清フェリチンが低下する現象は、貧血ではなく、（　　　　　）と表現される。

⑩貧血を予防するためには、まずは（　　　　　　）の確保を重視する。

第III部　スポーツ栄養が活かされる場面

第8章 チームスポーツにおける栄養サポート

なぜこの章を学ぶのですか？

　チームスポーツへの栄養サポートは、チームがめざす目標（ゴール）の達成のために必要な栄養・食事面の課題を明確にした上で、チームの状況にあったアプローチを考えることが重要となるからです。

第8章の学びのポイントは何ですか？

　どのような視点でチームの問題点を抽出するのか、またその問題点の解決に向けて、どのような栄養・食事面からのアプローチ方法があるのかを考えることです。

考えてみよう

① チームスポーツに栄養サポートを行うには、どのような手順となるだろうか？

② 対象となるチームに属する選手の特性を知る方法を考えてみよう。

Case　プロ野球チームへの栄養サポート

栄養サポートに至る経緯

　日本一をめざすプロ野球チームである。特に 1 軍選手に対し、シーズンを通して選手のパフォーマンスが維持および向上できるような栄養面からのサポートが求められた。

チームプロフィール

▶ 1 軍選手は、約 45 名（試合登録選手以外も含む）。
▶ 年間試合数は 143 試合。

アセスメントによる課題抽出

課題❶ 選手が食・栄養に関する知識に触れる機会が少なく、知識レベルは個人差が大きい。
課題❷ 競技上、ポジションやその日の役割（先発、中継ぎ、指名打者等）、試合時間によって身体活動量が異なるため、1 日のエネルギー消費量の算出と食事計画の立案が難しい。
課題❸ 連戦や試合会場への移動による心身の疲労やストレスなどを踏まえ、選手ごとに状況に適した個別対応が極めて必要である。

栄養サポートの目標と内容

▶ 身体組成計測および血液検査 Point 1 。
▶ 選手自らが目的にあった食選択ができる環境づくり Point 2 。
▶ 選手ごとの問題に対する栄養面からの対応 Point 3 。

Point 1　選手の身体状態の把握（栄養状態、身体組成、コンディションなど）を客観的にとらえ、多職種連携によるデータの共有と選手の目標設定の促しを行った。
Point 2　定食形式ではなく、主食・主菜・副菜・サラダ・フルーツ・補食・飲料のカテゴリーで料理構成を考えたブッフェ形式を用い、選手自らが各カテゴリーからの選択を意識し、コンディションに応じた食品選択ができるようにした。
Point 3　栄養摂取状況（試合前・中・後など）ならびに試合時の動きなどのモニタリング、ライフスタイルや家庭状況（既婚または独身）にあわせて、食に関する資料作成を用意した。

　シーズンを通し、自らの身体組成の変化に関心をもち、その数値を用いて競技パフォーマンスを客観的にみるようになり、食の選択への意識変化と行動変容もみられるようになった。

1 栄養サポートの流れ

様々な競技において、日々の食事や栄養は、選手の身体づくりやコンディションへ影響を及ぼす。チームスポーツを対象とした栄養サポートには、対象となるチームの状況を把握し、さらに選手を取り巻く環境を踏まえた栄養サポート計画が必要となる。

1 チーム特性の把握（アセスメント）

栄養サポートを実施するにあたって、まずはエネルギーおよび各栄養素の目標量の検討に必要となる、対象者特性を把握することからはじめる。図 8-1 は、そのチェックリストを示したものである。対象者がチーム全体である場合には、まずどのような選手の集まりなのか、チームに属する選手を知ることからはじめる。

図 8-1　アセスメントチェックシート

(1) 基本的属性について
- □年齢
- □性別
- □職業（学生・社会人・プロなど）
- □家族構成・同居家族
- □婚姻ステータス（未婚・既婚）
- □居住地域

(2) 競技について
- □練習時間
- □練習時間帯
- □活動拠点（国内外）
- □競技歴
- □競技レベル（成績）
- □年間スケジュール（遠征含む）
- □1日のトレーニングスケジュール
- □1日の身体活動量（エネルギー消費量）

(3) 身体組成について
- □身長
- □体重
- □体脂肪量（体脂肪率）
- □除脂肪量
- □皮下脂肪厚
- □周径囲
- □骨量・骨密度
- □体重増減傾向

(4) 食事・栄養補給について
- □エネルギーおよび各栄養素の摂取状況
- □食品摂取状況
- □補食の利用状況（内容・量・タイミング）
- □食嗜好（好き嫌い）・食習慣
- □食事歴
- □調理担当者・自炊の有無
- □食物アレルギーの有無
- □たんぱく質・脂質・炭水化物のエネルギーバランス
- □嗜好品の摂取（菓子・飲料・アルコールなど）
- □サプリメントの使用
- □周辺環境（よく利用するスーパー・コンビニエンスストア・飲食店など）

(5) 健康状態について
- □睡眠時間
- □月経状態
- □起床時体温
- □血液検査（貧血含む）
- □尿検査
- □血圧
- □脈拍
- □胃腸状態
- □既往歴（内科的疾患・スポーツ障害など）
- □服薬の有無
- □排便状況（便秘・下痢）
- □心理状態

出典　筆者作成

2 栄養サポートのマネジメントサイクル

選手への栄養サポートは 図8-2 のマネジメントサイクルに基づいて進める。

図 8-2　栄養サポートのマネジメントサイクル

・セルフモニタリングおよび
　栄養アセスメントによる
　評価
・目標の見直しと修正

評価
Check

アセスメント
Assessment

・チームの栄養・食事上の
　課題の抽出

・食環境の整備
・栄養指導および栄養教育

実施
Do

計画
Plan

・短期・中期・長期の目標
　および具体的な実施内容
　（小目標）

（1）アセスメント（Assessment）

アセスメントは、チームが掲げる目標の達成に対して、問題点を明らかにし、栄養サポート計画を立案する上で非常に重要である。図 8-1 のアセスメントチェックシートを参考に、対象者特性を踏まえて検討することが求められる。またアセスメントと平行して実施したいのが、競技特性やチーム状態の把握である。これは、実際に現場へ出向き、練習やトレーニング状況を確認することが望ましい。このような視察は、栄養面で直面している問題が何によって起因しているのか、その原因の追究にもなる。さらに監督やコーチの考えを直接的に理解し、スタッフのサポート内容の共有、選手の身体状態（疲労状態など）の把握を行うことで、栄養サポートで導入した新規取組みが、チームとフィットしているかなど、評価（見直しや修正）にも反映することができる。

（2）計画（Plan）

アセスメントにより、食事や栄養面における課題が抽出されたら、その課題に取り組むための目標設定を行い、それに対する具体的なサポートを計画する。まず長期的かつすべてを総括する大目標を立て、次にある期間中の中期的な目標、最後に短期的に具体化したい小目標を立てる。小目標は、選手自身が実施しやすい内容を用意するとともに、「どのような食品を」「どのようなタイミングで」、そして「どのくらいの量を摂るのか」など、より具体的で実現可能な内容が望ましい。またチームスポーツの場合、小目標に対し

て、チーム全体として取り組める内容も含めることで、チーム全体の行動変容が選手個人の意識を大きく変化させるきっかけになることもある。それによって、結果的によい成果につながりやすい事例もある。

目標設定の際に注意したいことは、選手個人の目標が監督やコーチ、そしてチームの意向と乖離が生じないようにすることである。特に、身体組成の目標設定は、食事計画内容へ大きく影響することから、必ずチームの方針を確認する必要がある。さらに選手を取り巻く人々（指導者、サポートスタッフ[*1]、保護者、調理担当者など）においても、共通認識をもって選手と接することが大切である。

＊1　サポートスタッフ
トレーニングコーチやトレーナー、栄養士、医師、理学療法士、アナリスト（情報分析スタッフ）、スポーツファーマシスト（薬剤師）など、多職種がかかわっており、それぞれの立場を認識した上で、自身のチームにおける業務を推進することが求められる。

（3）実施（Do）

選手個人の目標はそれぞれであり、その目標に対し、自ら決めた計画を遂行できているか、またその結果としてどのような変化があるかを客観的にチェックすることが重要である。その方法の一例として、セルフモニタリングを用いるといい。セルフモニタリングの方法は、日誌、コンディションチェックシート（図 8-3）、アプリの活用などがある。内容としては、スケジュール、就寝時間および起床時間、体温、月経状況、脈拍、身体組成、食欲および疲労レベル、排便などを記録し、選手自身で確認を行う。これらの項目を継時的にみることは、サポートする立場においても選手の食に関する取組みと、身体組成やコンディションとの関連をみることができる。

チームスポーツにおいて栄養サポートを導入するにあたっては、トレーニングの一環として取り組むことが有効であると考えられる。したがって、チームおよび選手だけではなく、保護者や調理担当者らを対象に、定期的な栄養教育を行い、それぞれが問題意識を認識し、食事や栄養面への関心をもってもらうことも重要となる。栄養教育の方法としては、栄養セミナー（講義形式、グループワーク）、体験実習、調理実習、食事調査、リーフレットや掲示物を用いた情報提供などがある。

最後に、チームの食環境を整備するには、資源（人、物、資金、時間など）が大きく関与する。したがって、チームにおいて継続的に実施できる優先度の高い栄養学的支援が何かということを常に考える必要があることは言うまでもない。

（4）評価（Check）

実施した内容を評価することは、次のマネジメントサイクルへつなげていくために不可欠な作業である。掲げた目標がどの程度達成されたかということだけではなく、実行した内容がチームおよび個人に対して適合する内容で

図 8-3　コンディションチェックシート

日		1（月）	2（火）	3（水）	4（木）
スケジュール			合宿		
就寝時間			21：00		
起床時間			6：00		
体温 （℃）	36.9 36.8 36.7 36.6 36.5 36.4 36.3 36.2 36.1 36.0				
月経		○	○	○	
脈拍		65	63	64	
体重 （kg）	68.0 67.5 67.0 66.5 66.0 65.5 65.0 64.5				
体脂肪率 （％）	22.0 21.9 21.8 21.7 21.6 21.5 21.4 21.3				
食欲レベル★		5	4	4	
疲労レベル★		2	1	1	
排便		○	○	○	
その他		心理面などの記録ができるフリースペース			

★食欲レベル、疲労レベルの数値

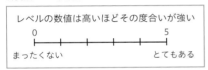

出典　筆者作成

あったか、アセスメントの項目を用いて栄養サポート前後の比較を行い、再アセスメントを行う。

　スポーツ現場において、栄養ありきのサポートにならないようにするには、①選手がどのような状態にあるのか、②問題点は何か（競技や栄養の取組みへのモチベーションなどを含む）、③いつまでにどのような状態にもっていくのかということを総合的に考え、サポートスタッフとの連携を図り、適宜計画内容をアップデートしていくことが大切である。

2 チームスポーツにおける栄養教育・栄養指導

　チーム全体を対象とした栄養サポートでは、集団だからこそ得られる効果に加え、選手個人の行動変容がチーム全体へ与える効果など、チームスポーツならではの特色を活かした検討が必要である。またチームスポーツを対象としたサポートでは、適宜、監督やコーチなどが考える選手教育の方向性（意図）やその時期にターゲットとなる選手などを共有し、栄養・食事面からのアプローチを行うことも大切である。

　チームスポーツにおいて、チーム全体への行動変容を促すためには、その教育方法が重要となる。その中でも、特にスポーツ現場で行われている栄養教育や栄養指導の方法を紹介し、その特徴を以下に示す。

（1）栄養セミナー

　対象となる選手の知識レベルには個人差があるため、選手一人ひとりにあった細やかな指導やフォローは難しい。一方で、大多数の選手に対し、最低限の知識を発信することで、チーム全体の行動変容につながりやすく、また互いに刺激しあい成長できるといったメリットがあるため、導入の取組みとしては望ましい。年間のスケジュールに対し、複数回の栄養セミナーを組み込み、適宜テーマを設けることで選手の理解度も深まりやすい。

（2）体験実習、調理実習

　栄養セミナーで習得した知識を机上論で終わらせることなく、より理解度を深めるためにおすすめしたいのが体験実習や調理実習である。知識をどう実践へ活かすかという視点で、自分の状況にあった具体的な方法を習得することができるため、選手の行動変容につながりやすい。特にブッフェ形式の食事では、試合前や試合後の食事でどのように組み合わせて食べればよいのかといった判断に困るといった事例も多いため、事前の実習で感覚を掴んで

おくとよい。 表 8-1 は本章 Case でのブッフェ形式の取り組みをまとめたものである。自身で選ぶ意味を考えながら食べることで、教育的要素も含まれることとなる。

表 8-1　ブッフェ形式の提供メニュー例

主食	主菜・副菜	サラダ
・白米 ・カレー ・麺類（温・冷）	・肉料理 　（炒め物・焼き物・蒸し物） ・魚料理 ・納豆 ・卵	・炭水化物（ポテト、マカロニなど）、たんぱく質（鶏ささみ・ハム・ツナ・豆腐・など）が摂取できるもの ・クルミやアーモンドなどの種実類のトッピング
重要なエネルギー源となるため、食事量の確保につなげる目的でコンディションや嗜好にあわせて選択できる構成にする。	主食と組み合わせて手早く摂れるメニューを導入する（牛丼、親子丼、焼肉丼など）。また、消化の良いメニューも用意し、疲労状況にあわせたメニュー選択ができるようにする。	そのときのコンディションで選択できるようにする。トッピングには発汗で失われるミネラルの供給源のナッツを用意する。

フルーツ	ドリンク	その他（補食）
・旬のフルーツ ・白玉フルーツ	・100％果汁 ・カルシウムや鉄強化の乳製品	・団子 ・カステラ ・エネルギーゼリー ・サンドイッチ ・おにぎり
フルーツに白玉団子をプラスしてエネルギーとミネラルが摂れるメニューにする。デザート感覚で摂れるメリットもある。	食事の選択内容によって不足しているものを補えるものを用意する。	思うように食事が摂れなかった場合や、試合までの時間に摂る補食として活用したいものを用意する。

出典　筆者作成

（3）食事調査

　食事調査は、チーム全体の食問題を把握し、栄養サポートの実践後に再び行うことで、どのような改善がみられたかを評価する方法である。選手個人を対象とする場合には、複数日の食事の詳細を調査する方法があるが、大多数を対象とする場合には、食物摂取頻度調査を行い、選手の食事傾向を確認する。より簡便に選手の栄養素摂取状況の把握ができるため、アセスメントにも用いられる。選手自身が問題点を認識し、日々の食事を見直す動機づけとなる。

（4）リーフレットや掲示物を用いた情報提供

　選手が興味関心をもち、行動へと移してほしいテーマに関する情報をリーフレットにまとめて提供する。例えば暑熱対策が必要な夏場では、適切な水分補給方法や胃腸機能低下を踏まえた食事の摂り方などをテーマにした情報を発信する。期分けや年間計画を通して、選手のコンディションが維持および向上できるように継続的に行い、予防的アプローチにするとよい。

　なお掲示物については、選手の行動をよく観察し、より選手の視界に入る場所を検討することも重要である。

学びの確認

（　　　　　）に入る言葉を考えてみよう。

①チームスポーツへの栄養サポートを行うには、まずチームに属する（　　　　）を
　知ることからはじめる。

②栄養サポートを行う上で、（　　　　）や（　　　　　　）、サポートスタッフとの連
　携を図ることが重要である。

③栄養サポートのマネジメントサイクルは、アセスメント➡計画➡（　　　　）➡評
　価の手順で進めていく。

④栄養学的アプローチを行う対象は、チームや選手だけではなく、（　　　　　）や
　調理担当者らに対しても検討するとよい。

⑤（　　　　）は、チームにおける栄養面で直面している問題が何によって起因して
　いるのか、その原因の追究にもなる。

⑥（　　　　　　　　　）を用いることで、自分の目標に対して決めた計画を遂
　行できているかを客観的にチェックすることができる。

⑦チームスポーツに栄養サポートを導入する際は（　　　　　　）の一環として
　考えるのがよい。

第9章 ジュニアアスリート

なぜこの章を学ぶのですか？

ジュニアアスリートは心身ともに急速かつ急激な発育・発達がみられます。そのため、スポーツ活動による身体活動量の増加にあわせた栄養補給だけではなく、健全な成長を維持するための栄養補給を考慮する必要があります。また、子どもの頃からの食習慣は、生涯にわたって適切な食習慣を構築するための大切な時期でもあるからです。

第9章の学びのポイントは何ですか？

ジュニアアスリートの発育・発達の過程を理解し、それに即した栄養補給を学ぶことです。また、ジュニアアスリートを取り巻く環境を考慮した栄養教育の必要性を確認することです。

＼ 考えてみよう ／

1 自身の成長段階を思い出しながら、ジュニアアスリートの発育・発達の特徴を確認しよう。

2 ジュニア期の栄養補給や栄養教育には、どのような配慮点があるだろうか？

Case プロサッカーチームの育成年代（ジュニアアスリート）への栄養サポート

栄養サポートに至る経緯

　プロをめざす育成年代のサッカーチームである。チームの育成理念は、①トップにつながる選手の育成、②クリエイティブな選手の育成、③発育発達を考慮した指導による育成、④人間形成を掲げている。これらの理念のもと、食を通じた「健全な心身の成長」と、「自ら食について考える習慣を養い、正しい栄養の知識と食品選択能力を培う」ことを目標として、定期的かつ継続的な栄養サポートを実施することとした。

チームプロフィール

▶ 中学 1 年生から 3 年生 68 名。
▶ 平日 18 時からトレーニング（週 4 日）、週末は練習または練習・公式試合がある。
▶ 平日の練習後、グラウンドに併設するレストランで食事提供がある。
▶ サッカーの指導を通じて「自ら考える」ことが意識づけされていた。

アセスメントによる課題抽出

課題❶ 栄養素等摂取状況に改善の必要がみられる選手がいた。
課題❷ 「食」に関して学習する機会が少ない。
課題❸ 選手自身で食品選択を行う機会が少ない。

栄養サポートの目標と内容

　栄養素等摂取状況の改善と、栄養・食事に関する知識・意識の向上。
▶ 食事内容の記録、形態測定、栄養情報の発信、買い物実習 Point 1 。
▶ 栄養ドリル（選手）、セミナー（選手・保護者）、個別カウンセリングの実施 Point 2 。
▶ 環境づくり Point 3 。

> Point 1　自ら食について考える習慣を培うよう、食生活の記録や課題の抽出、形態測定や体験を通じて気づきを促した。
> Point 2　知識向上をめざし、選手が当事者意識をもてるよう、サッカーに関連する身近な言葉、例えば、「ジュニアユースサッカー選手は」等を活用し具体的に記すよう工夫をした。また知識や意識について個人差がみられたため、個別対応も実施した。
> Point 3　食事を提供する調理者（家庭では主に保護者、クラブではレストラン施設管理者）やチームスタッフに、栄養・食事に関する共通理解と協力を促した。

　1 年後には、栄養素等摂取状況が改善し、欠食者が少なくなり、基本の食事を心がける選手が増えた。正しい栄養の知識を習得し、適切な食品選択能力を身につけた 1 つの成果と考えられる。

1 発育・発達の特徴

ジュニア期（小学校高学年から中学生年代）は、心身ともに発育・発達が著しい時期である（第2発育急進期）。発育・発達には性差がある。また発育速度は個人差が大きいため、発育に見合った栄養補給が必要である。身長と体重の急激な変化を逃さないよう定期的な成長記録をつけることが望ましい。

1 ジュニア期の発育・発達

（1）発育・発達の傾向

子どもの身体の変化を表わす用語は、「成長」「成熟」「発育」「発達」など様々ある。保健体育の分野では、発育（growth）を身体の形態的な変化、発達（development）を身体の機能的な変化ととらえていることが多い[1]。発育経過の特徴をみる上で参考となるのが、スキャモンの成長曲線である（図9-1）。この曲線は、身体を①リンパ型（胸腺、扁桃、リンパ節など）、②神経型（脳、脊髄など）、③一般型（頭部を除く全身形態、呼吸器、消化器、筋肉、骨格など）、④生殖型（睾丸、卵巣、子宮など）の4つに分類している。各身体分類の20歳までの発育増加量を100として、各年齢の臓器量の大きさを示している。特に③の一般型は、2度の急激な発育がみられる時期がある。1度目は、生後～4歳までの乳幼児期で第1発育急進期ともいわれる。2度目は、性差があり、思春期を迎えて9歳～15歳頃で第2発育急進期ともいわれる。いずれも身長の伸びや体重の急激な増加がみられる時期である。

このように、身体の各器官での発育時期は異なるため、体力と運動機能の発達も、年代によって特徴があらわれる。このことから、発育・発達に応じたトレーニングプログラムが提供されることがジュニア期において重要である。スポーツ現場では、発育・発達に応じた目標設定やトレーニング、多様な種目を経験できる仕組みを提供している競技や最適なトレーニング開始年齢の検討なども行われている[2]。

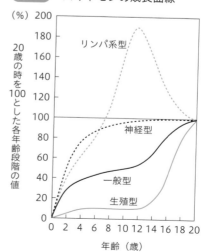

図9-1 スキャモンの成長曲線

（2）性差

　ジュニア期の発育を考える上で不可欠なのが、性差である。女子は 10 歳頃から、男子はその後 2 年ほど遅れた頃から思春期を迎える。この時期に身長や体重の急激な変化がみられる。その後、男子は筋量の増加、女子では体脂肪の増加が起こる。これは性ホルモン（男性ホルモン、女性ホルモン）の影響を受けているためであり、性の順調な成長ととらえることができる。女子では発育速度のピーク後 6 か月〜 2 年後に初経が起こるとされている。この時期に過度な食事調整をすると、相対的エネルギー不足（第 12 章 p.162 参照）による月経異常などを引き起こす可能性があり、健全な成長を妨げる健康問題につながる 1 つの要因とも考えられるため注意が必要である。

2　成長記録による変化の把握

　ジュニア期の発育・発達には一定の傾向はあるものの、発育速度に個人差がみられるのも特徴である。したがって、発育に見合った栄養補給のため、成長記録によって身体の変化を把握しておくことが重要である。その記録方法には、例えば厚生労働省や日本小児内分泌学会が提供している記録用紙（図 9-2）や、スポーツ医科学の分野で開発されているジュニアアスリート

図 9-2　成長曲線の記録用紙

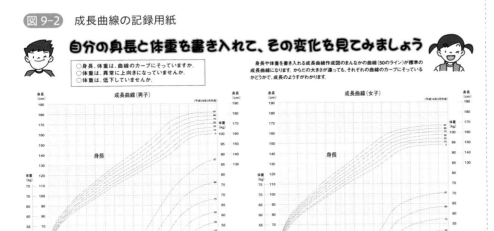

出典　厚生労働省「成長曲線を描いてみましょう」https://www.mhlw.go.jp/shingi/2004/02/dl/s0219-3b.pdf

向けのアプリなどがある。対象者にこれらを提案し、身長の伸び方や体重の増加を把握してもらうとよいだろう。計測は、発育のスパートを逃さないために、定期的に行うことが望ましい。身長は週1回、体重は毎朝起床後・排尿後に計測できるよう習慣づけたい。この時期に見合う栄養補給によって、骨格や筋肉といった身体の土台づくりができるようになると考えられる。

2 ジュニア期における重要な栄養素等・補給のポイント

成長段階にあるジュニア期では、身体活動で必要なエネルギーのほかに成長の分のエネルギーも必要である。十分なエネルギーの確保に加え特に留意したい栄養素は、成長に伴い必要量が増えるたんぱく質、骨形成に必要なカルシウム、ビタミンD、ビタミンK、そしてヘモグロビンの材料となる鉄である。

1 ジュニア期の栄養素等摂取量の考え方

（1）推定エネルギー必要量

成長著しい時期にある子どもが大人と異なる点は、身体活動で必要なエネルギー量のほかに、成長の分のエネルギー量が必要ということである（図9-3）。「成長の分」とは、身体の組織合成に必要なエネルギーと身体の組織増加分のエネルギーのことをさしており、日本人の食事摂取基準では「エネルギー蓄積量」（表9-1）としてプラスされている。

したがって、ジュニアスリートの場合、この「成長の分」のエネルギー量を確保しつつ、競技種目、トレーニング頻度、強度を考慮した身体活動量のエネルギー量が必要になる。当然、学校という日常生活が前提となるので通学に伴う活動量などもここに加味する。適切なエネルギー補給がなされなければ、身体活動量と栄養量とのアンバランスによって成長に影響を及ぼすことになるため、欠食や絶食などが伴う極端に食事量を減らす誤った方法での食事制限は絶対にしてはならない。

なお、日本人の食事摂取基準におけるエネルギー産生栄養素バランスは、たんぱく質が13～20％、脂質が20～30％、炭水化物が50～65％とされている。

図 9-3　ジュニア期のエネルギーの考え方

表 9-1　成長に伴う組織増加分のエネルギー（エネルギー蓄積量）

性別	男児				女児			
			組織増加分				組織増加分	
年齢等	(A)参照体重(kg)	(B)体重増加量(kg／年)	(C)エネルギー密度(kcal／g)	(D)エネルギー蓄積量(kcal／日)	(A)参照体重(kg)	(B)体重増加量(kg／年)	(C)エネルギー密度(kcal／g)	(D)エネルギー蓄積量(kcal／日)
0 ～ 5（月）	6.3	9.4	4.4	115	5.9	8.4	5.0	115
6 ～ 8（月）	8.4	4.2	1.5	15	7.8	3.7	1.8	20
9 ～ 11（月）	9.1	2.5	2.7	20	8.4	2.4	2.3	15
1 ～ 2（歳）	11.5	2.1	3.5	20	11.0	2.2	2.4	15
3 ～ 5（歳）	16.5	2.1	1.5	10	16.1	2.2	2.0	10
6 ～ 7（歳）	22.2	2.6	2.1	15	21.9	2.5	2.8	20
8 ～ 9（歳）	28.0	3.4	2.5	25	27.4	3.6	3.2	30
10 ～ 11（歳）	35.6	4.6	3.0	40	36.3	4.5	2.6	30
12 ～ 14（歳）	49.0	4.5	1.5	20	47.5	3.0	3.0	25
15 ～ 17（歳）	59.7	2.0	1.9	10	51.9	0.6	4.7	10

出典　厚生労働省「日本人の食事摂取基準（2020 年版）」p.80

（2）ジュニア期に留意したい栄養素

　ジュニア期には、成長の分を考慮すると、大人と同量もしくはそれよりも多い摂取量が必要な栄養素がいくつかある。特に留意しておきたいのが、成長に伴い必要量が増えるたんぱく質、骨形成に必要なカルシウム、ビタミンD、ビタミンK、そしてヘモグロビンの材料となる鉄である。

❶たんぱく質

　日本人の食事摂取基準では、身体活動レベル別のたんぱく質目標量（g/日）が範囲をもって提示されている（表 9-2）。自身の活動レベルを考慮してその目安を参考値とする。

❷カルシウム、ビタミン D、ビタミン K

　骨の成長が活発なジュニア期は、骨形成にかかわる３つの栄養素の摂取

表 9-2　身体活動レベル別にみたジュニア期のたんぱく質の目標量（g/ 日）

性	男性			女性		
身体活動レベル	I	II	III	I	II	III
10 〜 11（歳）	63 〜 98	72 〜 110	80 〜 123	60 〜 93	68 〜 105	76 〜 118
12 〜 14（歳）	75 〜 115	85 〜 130	94 〜 145	68 〜 105	78 〜 120	86 〜 133
15 〜 17（歳）	81 〜 125	91 〜 140	102 〜 158	67 〜 103	75 〜 115	83 〜 128

出典　表 9-1 に同じ文献　p.116　表 8 を一部改変

を意識したい。カルシウムは骨の形成に必要であり、生涯を通じてジュニア期を含む中高生の年代で、必要量が最も多い。ビタミン D はカルシウムの吸収を促進し、ビタミン K は骨形成を調節する。この時期は骨塩量*1 増加に伴うカルシウム蓄積量が最も増加するので、カルシウムを十分に摂取することは、将来の骨の健康維持にも重要である。

❸鉄

　ジュニア期は、急激な発育に伴って血液量および筋肉量が増加するため鉄の必要量が多くなる。女子は月経の初来がみられる頃であり、月経血による鉄損失で鉄欠乏性貧血が起こりやすくなるため注意が必要である。

（3）運動時における注意点

　まだ身体が小さいジュニアアスリートは、全身の筋グリコーゲン量が低いことがわかっている。そのため、運動中の炭水化物摂取はスポーツ活動に有益であるとされている。また、水分補給の観点からも体重あたりの体表面積の比率が成人と比較すると大きいため、熱ストレスの要因を受けやすいことに加え、体温調節能力も未熟であるため配慮が必要である。水分補給の目安量を把握するためには、運動直前と直後の体重測定をジュニア期から習慣化することが望ましい。

2 食習慣の構築

（1）実際の食事
❶基本の食事

　基本の食事の考え方は、アスリートと同様であり、主食、主菜、副菜、果物、牛乳・乳製品の 5 つを毎食そろえることである（図 9-4、第 2 章 p.39 図 2-14 参照）。管理栄養士や栄養士が栄養価計算した食事を毎日食べるのは現実的ではない。そのため、ジュニア期は自分で簡単にそろえることができる食事の型を習慣化することが重要である。

＊1　骨塩量
骨中のカルシウムなどのミネラル成分の量。

図 9-4　基本の食事の考え方

5 つの食品グループからなる
基本の食事

①主食（ごはん）
②主菜（肉や魚、卵など）
③副菜
④牛乳・乳製品
⑤果物

❷補食

　ジュニア期は大人と比較して必要量が多い栄養素が多い一方で、体格は大人よりも小さく、消化吸収の機能も成長段階と考えられるため、一度にたくさん食べられないということもある。その場合、補食で不足傾向にある栄養素等を補うように意識したい。例えば、ジュニア期においてはカルシウムの必要量が多いため、食事で補いきれないのであれば、ヨーグルトなどの乳製品を補食として取り入れることも方法の 1 つである。補食のタイミングは練習前後などが考えられる。練習前は、運動のためのエネルギー補給を目的とし、おにぎり、サンドイッチ、パン、果物といった炭水化物が主となる食品を選択する。このとき、たんぱく質、脂質が少ない具材のものが望ましい（第 2 章 p.41 図 2-16 参照）。練習会場に近い場所で食べることができるように、手軽なものが選択肢になる。練習後は、リカバリーの促進を目的とし、炭水化物とたんぱく質が補給できる食品を選択する。

❸試合日の食事

　試合前の食事についても考え方はアスリートと同様である。試合前・中はエネルギー補給を目的とし、試合後はリカバリーを目的とする。特に、試合前・中（試合と試合の間も含む）は、こまめな炭水化物の摂取計画が重要である。また、試合前日（例えば、夕食から）も無理のない範囲で炭水化物を中心とした食事を計画する。ジュニア期には、試合やレースが 1 日に複数回という競技会もある。その際には、時間の間隔などの状況を考慮し、炭水化物を優先的に食べられる軽食（弁当）や補食の準備が必要となる。試合後は、炭水化物やたんぱく質を一緒に摂取することがリカバリーに対して有効であるため、補食の準備や計画などを徹底しておく必要がある。

❹栄養補助食品（サプリメント）

　18 歳以下のジュニアアスリートのサプリメント利用については、鉄欠乏など医学的な理由を除いて、使用しないことが推奨されている[3]。ジュニア期においては、まずは、食事の基本型をそろえる習慣を獲得することが望ま

しいといえよう。

（2）食事バランスガイドの活用

　健康を維持するためのバランスのよい食生活にするために、1日に何をどのくらい食べたらよいかイラストで示したものが、食事バランスガイドである（図9-5）。食事バランスガイドは2005（平成17）年に農林水産省と厚生労働省によって策定された。日本人の食事摂取基準をもとに作成されており、身体活動量や成長期などに対応できるようになっている。よって、ジュニアアスリートにも活用しやすいツールである。食品構成は、先のジュニアアスリートの基本の食事と同じ構成になっており、基本的な食習慣を意識づけるためにも活用が推進されている。

図 9-5　食事バランスガイド

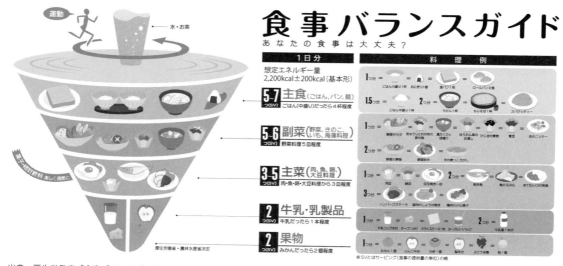

出典　厚生労働省「食事バランスガイド」

3 ジュニアアスリートへの食育

　ジュニア期には、ジュニアアスリートが自ら考え、気づき、食行動を起こすよう自律を促す食育が求められる。定期的かつ継続的な食育の実施は、ジュニアアスリートの心身の健全な成長や、将来の食習慣の形成に大変重要である。

　2005（平成17）年に食育基本法[*2] が制定され、「食」について国として推進していく方向性が定められた。2021（令和3）年4月には第4次食育

基本計画が発表され、SDGs の考え方などが示され、現状に即した食育推進、実施が促されている（第 1 章 p.18 参照）。食育は学校、地域、家庭など様々な場所で実施されており、スポーツ現場での食育（栄養サポート）もその 1 つである。

（1）自律を促す食育

ジュニア期には第 2 発育急進期を迎えることから、発育・発達の理解と、成長に必要な栄養素等摂取量の理解は必要とされる知識である。あわせて、ジュニアアスリートが自ら考え、気づき、食行動を起こすよう自律を促す食育が求められる。食や食品の知識や情報を与えることが目的とならないような配慮が必要である（第 1 章 p.19 参照）。

例えば本章 Case では、子ども自らが食について考える習慣を培えるように、自身の食生活の記録や課題の抽出、形態測定や体験を通じて、気づきを促した。食行動が発育につながるという実感を得られることで、より食に対する意識を高めることができている。ジュニア期では学校生活が中心であり、そのほかにクラブ活動や通塾などで食事づくりに積極的に参加しにくい状況ではあるものの、補食程度であれば準備できるようにめざしたい。子ども自らが補食を何のために何を選ぶのかを考え、購入するといった行動も自律の一歩といえるだろう。

（2）望ましい生活習慣への意識

ジュニアアスリートは成長の分と身体活動量を考慮した栄養補給が必要で、そのためにも 1 日 3 回の食事は基本である。朝食を摂ることは、栄養面のほかにも排便を促すことから 1 日の生活リズムを整える大切な位置づけにある。起床時間を理由に朝食を欠食するという事例が見受けられることから、睡眠は食生活に影響を及ぼす要因の 1 つともいえる。特にジュニア期の睡眠は、睡眠中に分泌される成長ホルモンの働きにより、骨の生成や脂質代謝など成長促進が行われることから、食事とともに心身の成長に大きく関与する。十分な睡眠時間と、質のよい睡眠の確保のために、早い時間の就寝、寝る前にはスマートフォン等の電子機器の使用を控えるなど、ジュニア期からの望ましい生活習慣は重要である。

（3）ジュニアアスリートの関係者の共通理解と協力

ジュニア期は学校生活が中心であり、通塾の場合もあるなど過密スケジュールをこなしていることも少なくない。こういったジュニアアスリートを取り巻く環境を考慮に入れると、保護者、指導者などの協力は欠かせない。

＊ 2　食育基本法
前文には「子どもたちが豊かな人間性をはぐくみ、生きる力を身に付けていくためには、何よりも『食』が重要である」、「子供たちに対する食育は、心身の成長及び人格形成に大きな影響を及ぼし、生涯にわたって健全な心と身体を培い豊かな人間性を育んでいく基礎となるものである」と記されている。

その上で、食事を提供する調理者（家庭では主に保護者、クラブではレストラン施設管理者など）やチームスタッフと食に対する考え方の共通理解をもつことが重要となる。不確かな情報をうのみにした食事を子どもに強いて、大事な成長を阻害するような事態は防がなければならない。

　また、食の情報だけではなく、トレーニングや治療、休養などを含めた医科学情報として包括的に発信することも、対象者の理解を深める可能性が考えられる[4]。その実施項目については、対象者、実施者ともに負担がなく継続できるものであることが望ましい。

　このように、定期的かつ継続的な食育の実施は、ジュニアアスリートの心身の健全な成長や、将来の食習慣の形成に大変重要であることをジュニアアスリートと関係者ともに認識を促す必要がある。

引用文献

１）高石昌弘・樋口満・小島武次『からだの発達―身体発達学へのアプローチ―改訂版』大修館書店 1981年　p.10
２）大澤清二「最適な体力トレーニングの開始年齢―文部科学省新体力テストのデータ解析から―」『発育発達研究』第69号 2015年　pp.25-35
３）Ronald JM et al : IOC consensus statement: dietary supplements and the high-performance athlete. *Br J Sports Med.* 52: 439-455, 2018
４）相澤勝治・久木留毅・青山晴子・小松裕・中嶋耕平・増島篤「ジュニアレスラーにおけるスポーツ医科学情報を活用した減量時コンディション改善効果」『日本臨床スポーツ医科学誌』第21巻第1号　2013年

参考文献

伊藤貞嘉・佐々木敏監修『日本人の食事摂取基準（2020年版）』第一出版　2020年
日本スポーツ協会「発育期のスポーツ活動ガイド」
　https://www.japan-sports.or.jp/Portals/0/data/supoken/doc/ltld/ltld_guide_20210331.pdf
東京大学医学部附属病院女性診療科・産科「Health Management for Female Athletes Ver.3―女性アスリートのための月経対策ハンドブック―」2016年　p.111
順天堂大学女性スポーツ研究センター「成長期アスリートサポー」
　https://www.juntendo.ac.jp/athletes/research-products/surari/
JohnEric WS, Megan EH, Matthew JM: Nutritional Considerations for Performance in Young Athletes. *J Sports Med.* (11) :734649, 2015
日本スポーツ振興センター「アスリートの食事の基本」
　https://www.jpnsport.go.jp/hpsc/study/sports_nutrition/tabid/1478/Default.aspx

農林水産省「食事バランスガイド」
　https://www.maff.go.jp/j/balance_guide/
農林水産省「食育基本法食育推進計画等」
　https://www.maff.go.jp/j/syokuiku/kannrennhou.html

学びの確認

（　　　　　　　）に入る言葉を考えてみよう。

①成長を表わす用語として、身体の形態的な変化は（　　　　）、身体の機能的な変
　化は（　　　　）として使われることが多い。

②女子のほうが、男子よりも 2 年ほど（　　　）く思春期を迎える。

③成長期の推定エネルギー必要量の算出において、成人と異なる点は、（
　　　　）が加算されている点である。

④ジュニア期に留意する栄養素として、骨形成に関係する（　　　　　　　）、（
　　　　　）、（　　　　　　　　）が挙げられる。

⑤血流量の増加、筋の発達からヘモグロビンの材料となる（　　　）の摂取を意識す
　る必要がある。

⑥基本的な食習慣の意識づけに用いるツールとして、何をどのくらい目安として食べ
　るのかをわかりやすく示した（　　　　　　　　）がある。

⑦食育の推進強化のために施行された法律は、（　　　　　　）である。

第10章 スポーツ現場の食事提供と安全管理

なぜこの章を学ぶのですか？

　食事にはアレルギーや食中毒、感染症といったリスクが潜んでいます。多数の人に食事を提供する場合、1度のアクシデントで多数の被害を招く恐れがあることから、衛生管理の徹底が求められます。つまり、食事提供の流れやその背景を食事提供の現場から学ぶことが、自分の身をリスクから守ることにつながるからです。

第10章の学びのポイントは何ですか？

　食事にかかわるリスクに対し、食事の作り手だけが気をつけることではなく、喫食者側にもそれを回避するための知識と行動が求められることを理解することです。

考えてみよう

① 安全・衛生管理はなぜ必要だと思いますか？

② 提供される食事は、自分にとってどのようなものであってほしいでしょうか？

Case　食物依存性運動誘発アナフィラキシーへの対応

食物アレルギー発症の経緯

　　実業団の野球チームに所属する D 選手は、食堂にて試合前の食事で「ココナッツ」の成分が含まれるバターチキンカレーを食べた。食後に練習を行ったところ、食物依存性運動誘発アナフィラキシー★を発症し、全身に蕁麻疹の症状が出た。

★食物依存性運動誘発アナフィラキシー…食物アレルギーの中でも、食物依存性運動誘発アナフィラキシーは、ある特定の食べ物を食べた後 30 分〜 4 時間後に運動をすると、症状があらわれる。特定の食べ物と運動の組み合わせで必ず生じるわけでもなく、環境やストレスなどの変化も関係する。

D 選手のプロフィール

▶ チームに所属し、競技中心のライフスタイルをおくっている。
▶ 卵、チーズ、ナッツ類、ごまの 4 種類に食物アレルギーがある。

アセスメントによる課題抽出

課題❶ ココナッツは食べてもアレルギー症状が出ることがなかったため、少しならいいだろうと過信して食べてしまった。
課題❷ 食事の後、すぐに練習を行った。

アレルギー対応の改善

　　食物アレルギーがある場合、量や加工の程度によって食べても症状が出ないこともある。また今回の食物依存性運動誘発アナフィラキシーのように、食べただけではアレルギー症状はなく、食事をした直後から 4 時間以内に運動することで症状が出ることもある。D 選手は食べてもアレルギー症状が出ないからといって、アレルギーのある食品を食べてしまった。この場合には、数時間は運動しないことが最も重要である。

> Point 1　食物アレルギーと診断されても、食べただけではアレルギー症状が出ないこともある。
> Point 2　アレルギー食品を食べてしまったら、直後の運動は回避する。

　　D 選手は、食物依存性運動誘発アナフィラキシーへの理解を深めるためにチームドクター、栄養スタッフによる食物アレルギー講習を受けた。その後、食物アレルギーへの意識を高め、食堂を利用しない遠征時においても、自らアレルギー情報を収集した上で、飲食店やメニュー選びをするようになった。

1 アスリート集団に対する食事提供

アスリート集団で構成されるスポーツ現場での食事は、健康・栄養状態の維持および向上と競技パフォーマンス向上を目的とする。食事にはプレッシャーや緊張感による精神的負担を和らげる意味もあり、リラックスして楽しめるような空間も必要である。

1 スポーツ現場の特徴からみる食事の役割

　スポーツ現場での食事は、競技場やトレーニング施設、選手寮などに併設するレストランや食堂を利用するほか、別施設で調理されたものをスポーツ現場に出向いて配膳してくれるようなケータリングサービスを利用したりすることがある。いずれもアスリート集団という特定多数を利用対象としていることから、内容に配慮された食事の提供がなされている。

　アスリート集団を対象とするスポーツ現場での食事の目的は、健康・栄養状態の維持および向上、競技パフォーマンスの向上である。食事は喫食者の実態に応じた適切な栄養価で考案されるが、これはすべてを喫食することが大前提である。美味しくない、美味しそうに見えないといった食事は食欲を左右する。このようなことで喫食率が低下すればアスリートの栄養状態も低下し、競技パフォーマンスにも影響を及ぼすものになる。したがって、食べるものの味と見た目が重要なのは言うまでもない。

　栄養価や味、見た目のほかにも、飽きないような工夫が必要である（表10-1）。定期的なイベントという変化を取り入れつつ、食事自体をリラックスして楽しめるような空間にすることも、プレッシャーや緊張感による精神的負担を和らげる意味で大切である。

表10-1　食事（献立）づくりで大切にしたいポイント

目的	ポイント
体づくり、リカバリー	栄養価
食欲・喫食率のアップ	喫食者の食嗜好、料理の色合い（盛り付け）、食感、料理の温度
飽きないための変化	メニューや食材の重複、調理法や味つけ、季節感

出典　筆者作成

2 食事提供の流れ

　ある実際の選手寮では、 図10-1 のようなサイクルで食事提供が行われている。献立を作成する管理栄養士、調理・提供を行う調理スタッフのほかにチーム関係者とも情報共有が図られ、チーム全体で食事を管理していることがわかる。

　まず、管理栄養士が給与栄養目標量とよばれる摂取基準をもとに献立を作成する。献立は、提供する料理の組み合わせを記したものという位置づけのほかに、適正量やその内容を知る栄養教育としての価値もあわせもつ。

　食事提供前には、献立の計画どおりの料理になるように、実際の作り手である調理スタッフと出来上がりや味つけ等のイメージを共有し、料理が再現される。

　喫食後には、その状況を記録する。喫食者の体調や要望もあわせて把握され、チームへの共有も速やかに行う。この後、記録データをもとに分析し、結果を関係者に報告し、改善へ向けて検討されている。選手の喫食状況や食事内容については、振り返りを行える環境づくりも検討される。また、選手の些細な変化、要望や意見も、積極的なコミュニケーションを通して収集し、速やかに改善に活かせるようにしている。

図10-1　食事提供のサイクル

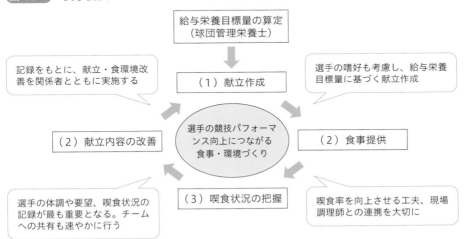

2 食事提供でのリスクへの対応策

食事の場面では、食中毒や食物アレルギー、感染症といったリスクがある。食中毒予防は「つけない」「増やさない」「やっつける」の3原則を守る。食物アレルギーは重篤な症状を引き起こす場合もあるのでアレルギー表示を確認し、コンタミネーションにも気をつける。感染症対策には、健康管理、こまめな手洗いと消毒、マスク着用、咳エチケットが必須である。

食事は、外部から有害な物質も一緒に体内に取り入れる可能性があるため、安全性が確保されることは大前提である。本節では、食事の安全を脅かす食中毒や食物アレルギー、感染症の対応策について述べる。

1 食中毒

(1) 食中毒とは

食中毒は夏場になりやすいというイメージをもつ人が多いだろう。確かに夏季の気温と湿度が高くなる時期には細菌性の食中毒が増える。しかし、冬季は細菌性の食中毒が減るかわりに、ウイルス性の食中毒が増える。つまり、年間を通して食中毒は警戒すべきものである。

食中毒とは、食中毒を起こす細菌やウイルス、有毒な物質[*1]がついた食べ物を食べることによって、下痢や腹痛、発熱、吐き気などの症状が出る病気のことである。

細菌性食中毒[*2]は、温度や湿度などの条件がそろうと、食べ物の中で増殖することで食中毒を引き起こす。これらの細菌の多くは、常温（約20℃前後）で活発に増殖しはじめ、体温くらいの温度で増殖のスピードが最も速くなる。よって、気温と湿度が高くなる梅雨の時期には細菌による食中毒が増える。代表的な食中毒細菌には、腸管出血性大腸菌（O157、O111など）やカンピロバクター、サルモネラ属菌がある。

一方、ウイルス性食中毒[*3]は、食べ物を通じて体内に入り、人の腸管内で増殖することで食中毒を引き起こす。代表的なものにノロウイルスがある。低温や乾燥した環境中で長く生存し、ごくわずかな汚染によって食中毒を起こしてしまう。したがって、調理者はもちろんのこと、調理器具、調理環境などの調理場全体がウイルスに汚染されていないことが極めて重要となる。

*1　有毒な物質
食中毒を引き起こす原因の有毒な物質には、フグや毒キノコ、トリカブトなどの動物性・植物性の毒がある。

*2、3　細菌とウイルスの違い
違いは、大きさと増え方である。
細菌は、ウイルスの約100〜1000倍の大きさがあり、自らエネルギーをつくり出す。
ウイルスは、自らエネルギーをつくり出せないため、ほかの生物を利用して増えていく。

（2）食中毒の予防

❶食中毒予防の 3 原則

　食中毒の可能性となる細菌やウイルスは、目に見えるものではないが、身のまわりに多く存在する可能性がある。料理の材料となる食材には細菌やウイルスが付着しているものと考えたほうがよい。食材に付着していた細菌やウイルスが、ヒトの手や調理器具などを介して、ほかの食材に移ってしまう二次汚染も十分考えられる。

　細菌の場合、細菌を食べ物に「つけない」、食べ物に付着した細菌を「増やさない」、食べ物や調理器具に付着した細菌を「やっつける」の 3 原則が基本である。ウイルスの場合は、食品中では増えないが、数個～数十個という汚染によって食中毒を起こすため、ウイルスを食品に「つけない」「やっつける」を確実に実行する必要があり、調理者自身のほかに調理器具も含めた調理場が汚染されていた場合、食中毒を引き起こしてしまうことになる。したがって、調理者・調理場を清潔に保ち、食中毒菌を「つけない」、冷却や冷蔵保存により細菌を「増やさない」、加熱調理により「やっつける」という 3 つが原則となる。

❷食中毒予防のポイント

　図 10-2 は、食事の作り手となる調理者が気をつけている食中毒予防のポイントで、3 原則の具体例が示してある。喫食者側でも気をつけるべきポイントは手洗い・消毒の徹底（図中②）、体調管理の徹底（図中⑤）であろう。

図 10-2　食中毒予防のポイント

食中毒予防のポイント

①中心温度の 3 点チェック　③二次感染の防止　⑤体調管理の徹底

②手洗い・消毒の徹底　④使い捨て手袋の着用

出典　フジ産業株式会社衛生啓発ポスターをもとに作成

例えば、手の汚れにはグラウンドの土壌中の細菌が付着していることもある。手洗い・消毒が不十分だとこれらの細菌やウイルスを体内に取り込む可能性があるほかに、知らないうちに食品を汚染して食中毒の原因となったり、別の人にうつしてしまったりする。体内に取り込んだ量にもよるが、健康な人では食中毒菌は胃酸で殺菌されることもある一方で、体調がすぐれなければ食中毒を引き起こす可能性もある。食中毒予防は食事の作り手だけではなく、喫食者側の「つけない」「増やさない」「やっつける」協力も必要ということである。

2 食物アレルギー

（1）食物アレルギーとは

　本章 Case では、ココナッツ成分の含まれるバターチキンカレーを食べたことによって体に重篤な症状が出た。このように食物アレルギーとは、食べたり、触ったり、吸い込んだりした食物に対して、身体を守るはずの免疫システムが、過剰に反応して有害な症状が起こることをいう。

　原因となる食物を摂取して 2 時間以内に症状が現れるものを即時型食物アレルギーといい、身体の様々な部位に多彩な症状がみられる。即時型のアレルギー反応の中でも、複数の臓器に症状が現れるものをアナフィラキシーと呼ぶ。血圧低下や意識障害などのショック症状を伴う場合は、生命をおびやかす危険な状態となる。Case で紹介した食物依存性運動誘発アナフィラキシーは、原因食物の摂取と運動の組み合わせで発症するため、食べただけ、運動しただけでは気がつかずに誘発症状を繰りかえす例もある。発症した場合、呼吸困難やショック症状のような重篤な状態に至る。ほかに即時型のアレルギー症状を発症する口腔アレルギー症候群（Oral Allergy Syndrome：OAS）*4 が知られている。

（2）食物アレルギーへの対応策
❶アレルギー表示

　容器包装された加工食品および添加物には、食物アレルギーの特定原材料*5 7 品目の表示が義務づけられている。Case のような特定多数の人が利用する給食を提供する食堂においても、食物アレルギーの喫食者がいれば、7 品目以外であっても、その対象品目についてもアレルギー表示がある（ 図 10-3 ）。見た目ではアレルギーのある食品だとわからないような形状になっていることや、Case のように成分レベルで料理に使用されていること

もある。アレルギー表示そのものに誤りがあると重大なアレルギー事故につながってしまう。したがって、アレルギー表示は安全な食事のよりどころとなる重要なものといえる。

❷代替食・除去食

代替食とは、アレルギー食品のかわりに、同様の栄養素を補える別の食品に置き換えた食事のことであり（図10-4）、除去食とは、アレルギー食品を除去した食事のことである。基本的には、代替食もしくは除去食とすることが多い。料理に応じて食品との組み合わせを検討し、栄養価が大きく変化しないように調整されている。ここで大切なことは、代替食で、特に加工食品を使用する場合、アレルギーがある成分が入っているかどうかを食品包装の原材料名の表示で必ず確認することである。加工食品は、原材料の元の形状

図 10-3　アレルギー表示（アイコン）の一部

出典　フジ産業株式会社食物アレルギー表示アイコン

図 10-4　アレルギーの代替食の対応例

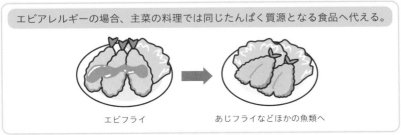

エビアレルギーの場合、主菜の料理では同じたんぱく質源となる食品へ代える。

エビフライ　あじフライなどほかの魚類へ

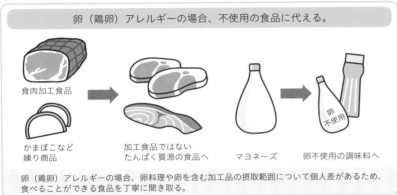

卵（鶏卵）アレルギーの場合、不使用の食品に代える。

食肉加工食品　かまぼこなど練り商品　加工食品ではないたんぱく質源の食品へ　マヨネーズ　卵不使用の調味料へ

卵（鶏卵）アレルギーの場合、卵料理や卵を含む加工品の摂取範囲について個人差があるため、食べることができる食品を丁寧に聞き取る。

出典　筆者作成

などをとどめていないことがほとんどで、見た目だけでは判断がつかないため、注意したい。

❸調理器具の使い回しの禁止

　アレルギー食品を調理、提供する場合、必ず専用の調理器具を使用し、盛り付ける食器も分けなければならない。バイキング形式の場合も、料理ごとに用意されたトング等を指定の料理にのみ使用する。料理に関係なく使い回してしまうと、本来はアレルギー食品が使用されていない料理であっても、その食品または成分が付着、混入してしまうことになる。これをコンタミネーションという。注意喚起がなくてもこれらは一般的なルールである。

3 感染症

　感染症とは、病原性の微生物がヒトの体内に侵入することで引き起こすことをいう。ノロウイルスは飲食物を介して体内に入ると食中毒だが、ヒトから伝播すると感染症という扱いになる。また、新型コロナウイルス感染症（COVID-19）の伝播は、ヒトの咳や飛沫を介して起こり、特に密閉・密集・密接（三密）の空間で、感染拡大が頻繁に確認されていることから、三密の回避は必須である。一般的にウイルスは、増殖や感染を繰り返す中で少しずつ変異していくものであり、同じウイルス量の暴露でも感染しやすくなったり、感染者から排出されるウイルス量がより多くなったりする可能性がある。新型コロナウイルス感染症については出現する可能性のある変異株の特徴を踏まえ、政府広報で呼びかける対応策に従って行動することが求められている。

　共同生活を営む選手寮などでは、感染症への完全な対策を行うことは容易ではない。しかし，限りなく感染リスクを減らすためには、常時換気や食堂座席の削減を前提に、食堂に立ち入る者すべての健康管理、手洗い、食堂に入る前の手指の消毒とともに、マスクの着用、咳エチケットが重要となる。

参考文献

厚生労働省・日本アレルギー学会「アレルギーポータル」
　https://allergyportal.jp/knowledge/food/

独立行政法人環境再生保全機構「ぜん息予防のためのよくわかる食物アレルギー対応ガイドブック 2014」
　https://www.erca.go.jp/yobou/pamphlet/form/00/pdf/archives_24514.pdf

厚生労働省「HACCP の考え方を取り入れた衛生管理のための手引書―委託給食事業者―」令和 3 年 5 月
　https://www.mhlw.go.jp/content/11130500/000785726.pdf

高田和子・海老久美子・木村典代編『エッセンシャルスポーツ栄養学』市村出版　2020 年　pp.131-133

消費者庁「加工食品の食物アレルギー表示ハンドブック」令和 3 年 3 月
　https://www.caa.go.jp/policies/policy/food_labeling/food_sanitation/allergy/pdf/food_index_8_190531_0002.pdf

学びの確認

（　　　　　）に入る言葉を考えてみよう。

①スポーツ現場での食事の目的は（　　　　）・（　　　　　）の維持および向上、（　　　　　　　　）の向上である。

②献立は、食事の適正量や内容を知る（　　　　　）としての価値もあわせもつ。

③食中毒予防の 3 原則は（　　　　　）、（　　　　　）、（　　　　　）である。

④食中毒予防のために、喫食者は（　　　　　）・（　　　　）と（　　　　　）の徹底が重要である。

⑤即時型アレルギー反応において、複数の臓器に症状が現れるものを（　　　　　　）と呼ぶ。

⑥アナフィラキシーは、血圧低下や意識障害などのショック症状を伴う場合、（　　　）をおびやかす危険な状態となる。

⑦アレルギー食品が提供されているバイキング形式の場合、専用の調理器具を使用し、（　　　　　　　　）を防止する。

第11章 スポーツ科学とスポーツ栄養学とのかかわり

なぜこの章を学ぶのですか？

　スポーツ栄養学を理解するためには、基盤となる栄養学はもちろんのこと、スポーツ科学を学ぶ必要があります。スポーツ栄養学を理解する上で、栄養学とスポーツ科学は両輪となる学問なのです。

第11章の学びのポイントは何ですか？

　本章では、スポーツ科学とはどのような学問なのか、そして、スポーツ科学とスポーツ栄養学とのかかわりについて学びます。また、スポーツ栄養学を理解する上で特に学びを深めなければならないスポーツ科学の内容についても触れます。

考えてみよう

① スポーツ科学とはどのような学問だろうか？

② スポーツ科学を学ぶことでスポーツ栄養学の理解が進みます。なぜか考えてみよう。

Case　市民ランナーの大学生とスポーツ科学の学び

E さんとのかかわり

　E さんはマラソンが趣味の大学生である。2 学年の前期にスポーツ栄養学を履修し、学習を深めるにつれて、スポーツ栄養学の学びを活かしてフルマラソンのタイムを速くしたいと思うようになった。そこで、スポーツ栄養学を担当していた教員に、重要なポイントを教えてもらいたいと研究室を訪れた。

E さんのプロフィール

▶ 体育系の大学 2 年生。
▶ 年に 3 ～ 4 回ほどフルマラソンの大会に出場する市民ランナー。
▶ 週に 3 ～ 4 回ほど、自宅近くのランニングコースを 1 日 5 km ほど走っている。
▶ フルマラソンの自己ベストタイムが 3 時間 40 分で、3 時間 30 分を切ることをめざしている。
▶ 走ること以外のトレーニングなどは特にしておらず、栄養補給も専門的に行っているわけではない。

E さんへのアドバイス

　スポーツ栄養学はそのほかのスポーツ科学の専門分野との関連性が高いことを踏まえ、スポーツ栄養学だけではなく、スポーツ生理学やスポーツ生化学という分野の学びを深めた方がよいことを伝えた Point 1 。
　具体的には、ヒトの身体に関する代謝、体温調節、トレーニング内容、そしてホルモン応答が重要な領域であることを伝えた Point 2 。

> Point 1　スポーツ栄養学を理解するためには、ほかのスポーツ科学の専門分野との関連を知ること。
> Point 2　代謝、体温調節、トレーニング、ホルモンなどについて理解することが重要。

　E さんは、スポーツ栄養学のみならず、スポーツ科学のその他の分野の学びを深めた。単に走るだけにとどまっていたトレーニングを改め、その内容に応じて栄養補給を調整するなど、自身のフルマラソンにしっかりと活かすことができた。最終的に目標としていたフルマラソンのタイムの 3 時間 30 分も切ることができた。
　E さんは 3 年生になり、スポーツ栄養学の授業を担当した教員の研究室に所属した。卒業後も大学院に進学し、スポーツ栄養学と競技パフォーマンスに関係する研究を進め、ヒトの身体をスポーツ科学という広い視座でとらえる重要性を発信しながら、自身のマラソンに活かし続けている。

1 スポーツ科学とは

スポーツ科学はスポーツを各専門分野から総合的に考える学問である。まずはマラソン競技を例にスポーツ科学の各専門分野について紹介していきたい。

スポーツ科学は、スポーツでよい競技成績をあげることやスポーツにかかわる傷害を予防することなどを目的に、スポーツを「スポーツ生理学」「スポーツ生化学」「スポーツ栄養学」「スポーツ医学」「スポーツ心理学」「スポーツバイオメカニクス」などに細分化された各専門分野から総合的に考える学問である。例えば、本章 Case のマラソン競技をスポーツ科学の各専門分野から紐解いてみると以下の通りとなる。

❶スポーツ生理学

マラソン競技では、主に食事で摂取した炭水化物と脂質を消化、吸収し、筋肉でエネルギー源として利用する。また、競技中には体温の上昇を抑えるために発汗する。これらの身体の変化がどの器官の働きによってコントロールされているのか。そして、長期間のトレーニングによってどのように適応するのか。そのための効果的なトレーニングの方法とは。さらに、生まれつきマラソン競技に向いている筋線維組成[*1]や遺伝子多型[*2]とは。これらの情報は多くのスポーツ生理学的なデータの蓄積により明らかにされている。

❷スポーツ生化学

マラソン競技において利用されるエネルギーを産生するために、身体では様々な化学変化が起きている。この化学変化において酵素[*3]が重要な働きを担っている。また、多くのホルモンの働きも重要である。これらはスポーツ生化学的な分析によって把握することができる。

❸スポーツ栄養学

マラソン競技の前にはエネルギー源となる炭水化物の摂取が必要となる。数日前から炭水化物を蓄えるグリコーゲンローディング（第 3 章 p.55 参照）を行うなど、当日は競技までの時間にあわせて消化や吸収の時間を考慮した炭水化物を摂取する。また、運動中には失われる炭水化物、水分および電解質を摂取する必要がある。そして、競技後にはリカバリーのために炭水化物、たんぱく質およびビタミン、ミネラルを摂取する。これらの摂取量や摂取タイミング、摂取方法とその影響などの情報は、スポーツ栄養学的な知見に基づくものである。

❹スポーツ医学

マラソン競技では捻挫などの突発的な外傷よりも脚や腰などの慢性的な痛

*1 筋線維組成
速筋線維と遅筋線維に大別される筋線維の各筋における占有率のこと。

*2 遺伝子多型
ヒトの遺伝子は、約25,000 種類あるとされる。このうち個人間で異なるのは 0.1％のみとされている。この違いのこと。

*3 酵素
生体で起こる化学変化に対して、その反応を機能させる分子のこと。

みや疲労骨折などの障害が発生しやすいとされる。また、貧血などの内科的な障害も発生しやすい。これらの情報は、多くのスポーツ医学的なデータの蓄積に基づくものであり、総合的かつ学際的な観点からとらえる必要がある（第 12 章参照）。

❺スポーツ心理学

　競技前の緊張を和らげたり、競技中の選手同士の駆け引きに勝つ精神力、そして、トレーニングに対するモチベーションの維持などはスポーツ心理学的なアプローチが有効である。

❻スポーツバイオメカニクス

　いかにエネルギーを無駄遣いしない走り方ができるかを、身体全体あるいは各関節における運動エネルギーから考えたり、マラソン選手に適した筋肉や腱の形や硬さを明らかにするなどのスポーツバイオメカニクス的な探究が行われている。

2　スポーツ栄養学の理解を深めるスポーツ科学の学び

　スポーツ栄養学を理解するためには、栄養学だけでなく、スポーツ科学を深く学ぶ必要がある。スポーツ栄養学を理解するために、学んでおきたいスポーツ科学の専門分野と内容について触れたい。

1　スポーツ栄養学と関連深いスポーツ科学の学び

　スポーツ科学の各専門分野について学んでいくと、専門分野の間で関連しあう内容が出てくる。無論、スポーツ栄養学とほかの専門分野との間においても同様であり、例えば、スポーツ生理学は、スポーツ時に適した栄養摂取方法を理解するために最も重要な専門分野である。特に、代謝、すなわち、エネルギー供給機構、呼吸交換比*4、呼吸交換比にかかわる炭水化物および脂質のエネルギー基質利用について学びを深める必要がある（第 3 章参照）。また、運動時に必要な水分摂取方法を理解するために体温調節や熱中症についても学ぶ必要があるだろう（第 13 章参照）。これらのほかに、スポーツ栄養学を理解する上で学びを深めておきたい専門分野および内容がある。ここでは、スポーツ生理学のトレーニングならびにスポーツ生化学のホルモン応答について紹介する。

＊4　呼吸交換比
二酸化炭素排泄量÷酸素摂取量で求められる値のことで、エネルギー基質利用の程度がわかる。0.7 で脂質が 100%、1.0 で炭水化物が 100% 利用されていることとなる。

2 トレーニングと栄養摂取方法

　トレーニングの内容や強度、トレーニング効果を高めるための方法、そして、トレーニングに関連した栄養摂取方法のコツを知ることで、運動前に摂取すべき栄養や運動後のリカバリーに必要な栄養摂取方法について理解することができる。ここでは、トレーニング方法の中でも、アスリートにとって基本的なトレーニング方法となる持久力を高めるためのトレーニングと関連する応用的な栄養摂取方法、レジスタンストレーニングについて紹介する(持久力を高めるためのトレーニングの基本的な栄養摂取方法は第3章 p.53 表3-1、レジスタンストレーニングの基本的な栄養摂取方法は第4章を参照)。

(1) 持久力を高めるトレーニング

　ランニング、自転車漕ぎ、水泳などの運動様式を利用し、以下のような方法で持久力を高めるトレーニングは行われる。

❶持続性トレーニング

　ほぼ一定の強度で比較的長い時間の運動を継続する（図11-1 ①）。

❷インターバルトレーニング

　高強度運動（心拍数が180拍/分程度）と回復のための低強度運動（心拍数が120拍/分程度）を繰り返し行う（図11-1 ②）。

❸レペティショントレーニング

　セット間に完全に回復するために比較的長い休息時間をおきながら高強度（全力）運動を繰り返す（図11-1 ③）。

❹インターミッテントトレーニング

　タバタプロトコル*5 が代表的な方法で、高強度（全力）運動と短時間の不完全回復の休息時間とを繰り返し行う（図11-1 ④）。

＊5　タバタプロトコル
田畑泉先生が持久力向上効果を明らかにした20秒の高強度運動と10秒の休息を8セット程度繰り返すインターミッテントトレーニングの方法。

図11-1　持久力を高めるトレーニング方法

①持続性トレーニング　　②インターバルトレーニング　　③レペティショントレーニング　　④インターミッテントトレーニング

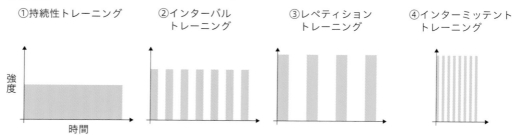

（2）Train High Sleep Low Train Low 法

　持久力を高めるトレーニングと特別な栄養摂取方法を組み合わせる方法が
Train High Sleep Low Train Low 法である。具体的には、午後にインター
ミッテントトレーニングを行い、筋グリコーゲンを減少させる。その後の夕
食は炭水化物の摂取を制限し、筋グリコーゲンの回復を不完全としたまま就
寝する。そして、翌朝、朝食前に中強度の持続性トレーニングを実施する。
その後、朝食および昼食で炭水化物を十分に摂取し、筋グリコーゲンを蓄え、
午後のインターミッテントトレーニングを行う一連の流れを数週間繰り返
す。Train High Sleep Low Train Low 法の –High や –Low は筋グリコー
ゲンの量を示している（図 11-2）。この方法により、朝食前の中強度の持続
性トレーニング時における脂質のエネルギー利用を亢進させるとともに、有
酸素性のエネルギー供給過程において重要な役割を果たすミトコンドリアの
量や質を高めることにつながり、効率的に持久力を向上させる。

図 11-2　Train High Sleep Low Train Low 法のイメージ

注　–High や –Low は筋グリコーゲンの量を示す。

（3）レジスタンストレーニング

　レジスタンストレーニングは、バーベルなどの抵抗負荷を用いて筋肥大、筋力増強、パワー増強などの目的を達成するために行うトレーニングのことをいう（図11-3）。トレーニング時に用いる負荷重量、回数／セット、セット数、セット間の休息時間および効果的な方法に関する各目的別のトレーニング方法の目安は表11-1の通りである。筋肥大および筋力増強を目的としたレジスタンストレーニングにおいては、週あたりの負荷重量×回数×セット数の合計量が最大となる方法が効果的であるとされる[1, 2]。

図 11-3　レジスタンストレーニングの種類

フリーウエイト　　マシントレーニング　　自重トレーニング　　チューブトレーニング

表 11-1　目的別レジスタンストレーニング方法の目安

目的	筋肥大	筋力増強	パワー増強
負荷重量	70 ～ 85% 1RM	85% 1RM 以上	最大パワーの出現する負荷
回数 / セット	6 ～ 12 回	1 ～ 5 回	1 ～ 10 回
セット	3 ～ 6 セット	2 ～ 6 セット	3 ～ 5 セット
セット間の休息時間	2 ～ 3 分	2 ～ 5 分	2 ～ 5 分
効果的な方法	負荷重量×回数×セット数の答えが最大となる方法が効果的		高いパワーを発揮し続ける

注　1RM= 最大挙上重量

3 ホルモンの応答

　スポーツ栄養学を学ぶ上で、内分泌系、いわゆるホルモンの働きについても理解を深めておきたい（表 11-2）。例えば、食欲を調節するホルモンにレプチンやグレリンがある。また、消化にかかわるホルモンにグルコース依存性インスリン分泌刺激ポリペプチド（Glucose-dependent Insulinotropic Polypeptide：GIP）とグルカゴン様ペプチド-1（Glucagon-Like Peptide-1：GLP-1）の 2 種類からなるインクレチンと称されるものがある。このほかに、レジスタンストレーニング後に筋たんぱく質の合成を促す同化ホルモンであるインスリン、成長ホルモン、インスリン様成長因子（Insulin-like Growth Factor I：IGF-1）、逆に筋たんぱく質の分解を亢進する異化ホルモンであるコルチゾールなどのトレーニングの効果に影響を及ぼすホルモンもある。さらに、異化ホルモンにはアドレナリンやノルアドレナリンの 2 種類のカテコールアミンといわれるグリコーゲンおよび脂肪の分解を促進させるホルモンもある。これらの運動と栄養に相互にかかわってくるホルモンは最低限おさえておきたい。

表 11-2　ホルモンとその主な作用

分類	名称	主な作用
食欲	レプチン	食欲抑制
	グレリン	食欲増進
消化	GIP	インスリン分泌促進
	GLP-1	
同化	インスリン	血糖値低下
		グリコーゲン合成、筋たんぱく質合成の促進
	成長ホルモン	筋たんぱく質合成促進
	IGF-1	
異化	コルチゾール	筋たんぱく質分解促進
	アドレナリン	グリコーゲン分解、脂肪分解の促進
	ノルアドレナリン	

4 スポーツ科学はアスリートにとっての必修科目

　これまではスポーツ栄養学を学ぶ学生の視点で述べてきたが、教育機関でスポーツ科学を学ぶ機会のないアスリートが、スポーツ科学を学ぶ意義についても触れておきたい。トップレベルのアスリートになれば、スポーツ科学の各専門分野の専門家から各々アドバイスをもらえる機会があるだろう。しかし、トップレベルまで到達できない多くのアスリートはそのような機会がない場合も多い。そのため、自分自身で各専門分野について学び、考えて実践することが求められる。スポーツ科学はアスリートにとっての必修科目といっても過言ではない。自分自身のパフォーマンスを高めるためにはどうしたらよいのか。そして、よりよいコンディショニングやトレーニングを考える上で、日々発表されるスポーツ科学の研究成果に目を向け、研究成果を理解し、自分自身のために活かせるようになることをすべてのアスリートに期待したい。

引用文献

1) Schoenfeld BJ et al: Dose-response relationship between weekly resistance training volume and increases in muscle mass: A systematic review and meta-analysi. *J Sports Sci.* 35:1073-1082, 2017
2) Ralston GW et al: The effect of weekly set volume on strength gain: A meta-analysis. *Sports Med.* 47:2585-2601, 2017

参考文献

塩瀬圭佑「競技パフォーマンスに及ぼす糖質制限の影響」『体力科学』第 66 巻第 2 号　2017 年　pp.125-131
日本トレーニング指導者協会編『トレーニング指導者テキスト実践編　改訂版』大修館書店　2014 年
冨樫健二編『はじめて学ぶ　健康・スポーツ科学シリーズ 3　スポーツ生理学』化学同人　2013 年

学びの確認

（　　　　　）に入る言葉を考えてみよう。

①持久力を高めるトレーニングには、（　　　　　）トレーニング、（
　　　）トレーニング、（　　　　　　　　）トレーニング、（
　　　）トレーニングなどがある。

②レジスタンストレーニングの目的には（　　　　）、（　　　　　）、（
　　　）などがある。

③（　　　　　　）と（　　　　　　）は食欲にかかわるホルモンである。

④（　　　　）と（　　　　　　）はインクレチンといわれる消化にかかわるホルモン
である。

⑤（　　　　　　　）、（　　　　　　　）および（　　　　　）は筋たんぱく質合
成を促進する同化ホルモンである。

⑥（　　　　　　　　）は筋たんぱく質分解を促進する異化ホルモンである。

⑦（　　　　　　　）と（　　　　　　　　）はグリコーゲンおよび脂肪の分
解を促進するカテコールアミンといわれる異化ホルモンである。

第12章 スポーツ医学と栄養

なぜこの章を学ぶのですか？

　スポーツ栄養を学ぶにあたり、包括的にアスリートを診るためには栄養学だけでは不十分であり、スポーツ医学の様々な側面を基礎知識として身につける必要があるからです。

第12章の学びのポイントは何ですか？

　本章では栄養学の視点だけではなく、アスリートをサポートする栄養スタッフやスポーツドクターなどの多職種が協力し、多角的にアスリートを助ける必要性があることを理解します。

考えてみよう

① ケガをしていないアスリートの競技パフォーマンス低下の原因として考えられる理由をいくつか挙げてみよう。

② 骨の強さ（骨密度）を決めるのに、どういった要因があるだろうか？

Case 相対的エネルギー不足の高校陸上選手へのサポート

受診に至る経緯

　F 選手は高校 2 年生で陸上強豪校の長距離選手である。運動時の息切れがあり近隣の病院を受診した。そこで鉄欠乏性貧血を指摘され、スポーツドクターのいる病院への紹介受診となった。

F 選手のプロフィール

▶ 高校 2 年生、女子。身長 152 cm、37 kg、BMI 16（母 158 cm、父 172 cm、妹 160 cm）。
▶ 監督から体重を 36 kg 以下にするようにいわれている。
▶ 練習量は 150 km/ 週、週 7 日。2 部練習（朝練習、午後練習）。
▶ 睡眠時間は 6 時間（23 時就寝、5 時起床）、練習がない日は 11 時過ぎまで寝ている。
▶ 月経はこれまでに一度もない。

アセスメントによる課題抽出

課題❶ 家族の身長から予測される身長に達していない。
課題❷ 指導者によって体重制限が行われている。
課題❸ 練習量・頻度が多く、睡眠時間が不足している。
課題❹ 月経が一度もない。

医師としての栄養サポートの目標と内容

▶ 貧血だけが問題でないことを F 選手に認識させ、外来通院を継続してもらう Point 1 。
▶ 相対的エネルギー不足（RED-S）を説明し、何が問題なのか F 選手に理解してもらう Point 2 。

> Point 1 　薬を処方することは簡単だが、まずは F 選手の認知を変え、行動変容★を促す。
> ★行動変容とは、人の行動が変わること。本章 Case では練習量や睡眠時間に問題があるということを選手自らが認知できないと行動は変わらない（第 1 章参照）。
> Point 2 　生物心理社会モデル（p.159 で解説）というものをイメージし、F 選手に対して包括的に対応する。

　相対的エネルギー不足の状態を図示して説明し、鉄剤の内服を開始した。F 選手の了承を得て、学校に診断書を提出。数週間の練習休止から少しずつ運動強度を上げ、練習参加も午後だけとして、睡眠時間を確保。数か月後には自己ベストの記録を更新した。月経到来はまだないが、婦人科、スポーツ栄養士とともに診療を継続中である。

1 スポーツ医学とは

スポーツ医学は、整形外科学、栄養学、心理学、救急医学、内科学、婦人科学など多岐にわたる領域を網羅する。アスリートの医学的問題は筋骨格系だけではなく、内科や総合的所見が必要である。クライアントとのかかわりでは、生物心理社会モデル（BPSモデル）を用い、疾患（disease）としてではなく、病い（illness）という大きな枠組みでとらえる。

1 スポーツ医学における総合的かつ学際的観点の重要性

＊1　スポーツ医学における日本と海外の違い
日本では「スポーツ医学」≒「スポーツ整形」というイメージが強いが、海外ではほかの診療科（内科、総合診療科、小児科、救急科など）の研修後にサブスペシャリティ（専門分野）としてスポーツ医学を数年にわたり研修し、資格を取得できる国々も存在する。

スポーツ医学[*1] は、アスリートのパフォーマンスの向上や、好成績を出すための身体の使い方、傷害の予防、治療などを取り扱う、総合的でかつ学際的な専門医学分野のことを意味する。したがって、整形外科学、栄養学、心理学、救急医学、内科学、婦人科学など多岐にわたる領域を網羅する必要がある。2016年のリオデジャネイロオリンピックにおける医学的問題に関しては、参加選手の8％が外傷であり、5％が内科的な疾病であった[1]。この報告からも、医学的問題は筋骨格系だけではなく、内科や総合的所見が必要であることが垣間みえる。また、筆者が診療する若い女性アスリートの症例では、表12-1のような複合的な要因で疲労骨折が発症している。すべての症例が該当するわけではないが、このように1つの要因では説明できないことも多々あり、多様な視点と職種を超えた連携が必要である。

総合的でかつ学際的なスポーツ医学の全体像を理解するためには、「個人」の問題から少しずつ「集団」や「組織」へのマネジメントに移行していく必要がある。表12-2は、その詳細をスポーツ医学の観点から示したものである。例えば、アスリート個人に対する栄養を考えるだけでも、成長期や妊産婦、肥満のある方など多岐にわたるケースがあり、それがチーム単位になるとサプリメントなどを含めたアンチ・ドーピングや、水分補給、熱中症予防など総合的に取り組むための問題もかかわってくる。さらに視野を広げれば地域の人々の健康増進なども栄養面の介入は必須である。このように、スポーツ医学はクライアントの多様な潜在的問題をとらえた上で、処方の決断を行っている。

表 12-1　女性アスリートの疲労骨折の要因

・バイオニクスや解剖学的な問題による骨折（身体的要因）
・低栄養や無月経など婦人科的な問題による骨折（身体的要因）
・靴やサーフェイスの問題による骨折（環境の要因）
・精神的に追い込まれオーバーユースによる骨折（心理的要因＋質・量の要因）

出典　上村公介「成長期のスポーツ障害」『治療』第 102 巻第 5 号　南山堂　2020 年　pp.527-534 をもとに筆者作成

表 12-2　スポーツ医学の領域：個人から集団、組織への移行

	個人	チーム / 学校	地域 / 公衆衛生
スポーツに関連した問題への対応	スポーツ外傷・傷害マネジメント スポーツ関連疾患の診断と治療 スポーツ精神医学 スポーツ栄養 障害者スポーツ パフォーマンス向上	環境とスポーツ アンチ・ドーピング チームドクター活動 メディカル・チェック	スポーツ大会救護・安全管理 スポーツ施設との連携
スポーツと健康増進	ヘルスプロモーション 運動参加前診察 運動負荷試験 運動処方 慢性疾患と運動 成長・発達と運動 妊娠・出産と運動 スポーツ障害予防	学校医活動 産業医活動 予防医学 （ワクチン・感染症対策含む） 渡航医学 （海外遠征）	地域の健康増進活動への貢献 健康増進プログラムの運営

出典　濱井彩乃「プライマリ・ケアスポーツ医学とは」『治療』第 102 巻第 5 号　南山堂　2020 年　p.515

2　生物心理社会モデル（BPS モデル）とは

　行動変容の考え方については、動機づけの観点から第 1 章にて示されているが、本項では、スポーツ医学の観点から「生物心理社会モデル：BPS モデル」[2] を用いて、クライアントとのかかわりにおける考え方について解説する。

　BPS モデルは、「Biomedical：生物的」「Psychological：心理的」「Social：社会的」の頭文字をとっており、アメリカの精神科医である Engel（1977 年）が提唱した。これは、純生物医学的な疾患（disease）としてではなく、病い（illness）という大きな枠組みでとらえようという概念である。ヒトが存在する上で生物、心理、そして社会的な要素は相互に複雑に絡み合っており、分離しているわけではないという考え方であり、クライアント中心に医療をとらえる考え方の基礎をなしており、スポーツにおいてはアスリートセンタードコーチング[*2] という概念と類似している[3]。

　実際には、次の 3 つのカテゴリーに基づいて情報を集め、クライアント

*2　アスリートセンタードコーチング
アスリートの主体的な取り組みを支援していくような、科学的根拠に裏付けられたコーチングのこと。

図 12-1 BPS モデルからとらえるクライアントの全体的な評価

人生の枠組みの理解

個人と家族や社会との関係のパターン

病いの意味の理解

解釈モデル・情動

疾患の診断

症状に関する情報

出典　横谷省治「生物心理社会モデル」日本プライマリ・ケア連合学会編『日本プライマ
リ・ケア連合学会基本研修ハンドブック改訂 2 版』南山堂　2017 年　p.73

全体を理解することが求められ（図 12-1）、これらを実現するためには多職種連携も重要になる。

　①クライアントの症状に関する十分な情報を集め、疾患を診断する。

　②クライアント自身の考えや経験を十分に知り、病いの意味を理解する。

　③クライアントと家族や社会との関係のパターンを観察し、人生の枠組みを理解する。

　この BPS モデルからとらえると、さらに深く選手の生物・心理・社会の問題点を探り、「優先的に何から介入すれば解決に向かうのか」を考える重要性が示唆される。例えば、アスリートが「お腹が痛い」という主訴で診察を受けることがあった場合、単純に「腹痛」という問題でとらえるのではなく、そのアスリートの家族や社会との関係性など人生の枠組みを理解した上で、今患っている病いの意味を理解し、疾患を診断しなければならない。さらに、介入することによって、その問題解決による新たな反応が起こり得る。したがって、アスリートを取り巻く様々な環境やコンディションを含めて、適宜モニタリングしていきながら、再評価・再検討していくことが重要である。特にアスリートにおいては図 12-2 のようにかかわるヒトが多様であるため、心理・社会的な複雑性を有することが多い。かかわるヒトが多いということは、多職種連携が十分に機能すればメリットは多いが、一方で機能しないと、アスリートは複雑性の中で悩むこととなる。

　「衣食住」と生活の基礎をなす部分の中で、スポーツ栄養は唯一といってよいほど、「食」という選手の生活に入り込む領域であり、アスリートの複雑な環境を理解し、多職種を橋渡しできる応用学問であるととらえている。是非そのような観点から学びを深めてほしい。

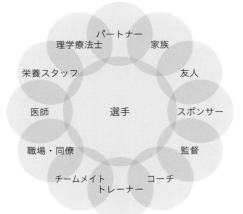

図 12-2　アスリートを取り巻く多様な環境

2　利用可能エネルギー不足が招く問題

　基礎代謝や日常生活で使われるエネルギーが不足していることを、利用可能エネルギー不足といい、女性アスリートの三主徴（FAT）の 1 つである。スポーツにおける相対的エネルギー不足（RED-S）は、FAT 以外にもエネルギー不足から起こる筋量や持久力の低下など、パフォーマンスに関連する様々な問題がある。

　アスリートにとってエネルギー不足は、貧血状態に起因するだけではなく（第 7 章 p.109 参照）、健康上の重大な問題を引き起こすこととなる。女性アスリートの三主徴（Female Athlete Triad：FAT）[*3] の 1 つである、「摂食障害を伴う、または伴わない利用可能エネルギー不足」は、基礎代謝や日常生活で使われるエネルギーが不足していることをいう（図 12-3）。この状

＊3　FAT
2007 年にアメリカスポーツ医学会が、女性アスリートが陥りやすいという問題点を定義したもの。利用可能エネルギー不足、視床下部性無月経、骨粗鬆症の 3 つをさす[4]。

図 12-3　利用可能エネルギー

| エネルギー摂取量 | － | 運動によるエネルギー消費量 | ＝ | 利用可能エネルギー（EA） |

基礎代謝や日常生活に使用可能なエネルギー

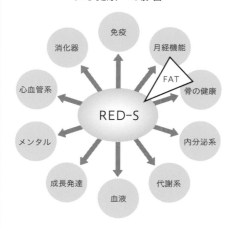

図 12-4　RED-S によって引き起こされる健康への影響

免疫

消化器

月経機能

心血管系

FAT

骨の健康

RED-S

メンタル

内分泌系

成長発達

代謝系

血液

＊4　RED-S
2014 年にIOC が、すべてのアスリートに対する注意喚起として提示したもの。

態が続くと、卵巣を刺激する脳からのホルモン分泌（黄体形成ホルモンなど）の低下や骨代謝異常など、身体の機能に影響を及ぼし、女性の正常な発育・発達を妨げる事態になってしまう。また、利用可能エネルギー不足は、女性アスリートに限る問題ではなく、男性を含むすべてのアスリートに起こり得る。スポーツにおける相対的エネルギー不足（Relative Energy Deficiency inSport：RED-S）[4] は、FAT 以外にもエネルギー不足から起こる筋量や持久力の低下など、パフォーマンスに関連する様々な問題がある[5]（図12-4）。

　アメリカスポーツ医学会では、除脂肪量（Fat Free Mass：FFM）1kg あたり 30 kcal/ 日未満を利用可能エネルギー不足と判定している。女性アスリートの場合、改善には 45 kcal/ 日以上にすることを提示している[6]。

　アスリートには、利用可能エネルギーが増えることで、パフォーマンスの向上や健康維持にもつながることを理解してもらうことが重要である。スポーツ医学やスポーツ栄養の専門職からアスリートに助言を行う場合は、「エネルギーが不足しているので食事をもっと摂りましょう」「疲労が溜まっているので運動量を下げましょう」と単に伝えるのではなく、RED-S の基本的な内容とその影響について教育を行った上で、行動変容につなげていけるような自律支援（第 1 章参照）が求められる。

3 アスリートの骨づくり

　20 歳前後で最大骨量を迎えるが、これまでの間に骨量を高めておくことが骨粗鬆症を遅らせることにつながる。骨量は遺伝、内分泌因子（性ホルモン、成長ホルモン）、栄養（たんぱく質、カルシウム、ビタミン D）、運動によって決まる。成長期に運動量と栄養のアンバランスを起こすと骨形成に影響する。

1 成長期における骨量の変化

　小児期では年齢とともに骨量が増加し、成長期を超えても骨量は増加し続け、20 歳前後で最大骨量（Peak Bone Mass：PBM）となる（図 12-5）[7]。PBM が 10％増えることにより、骨粗鬆症になる年齢を 13 年遅らせることができるとされており、PBM を獲得した後の骨量低下を予防するよりもはるかに大きな効果を認めることが報告されている[8]。したがって、いかに成長期に PBM を高めておくことができるかが重要であり、そのために適切な運動と食事の習慣をつくることが求められる。

図 12-5　骨量変化の概略図

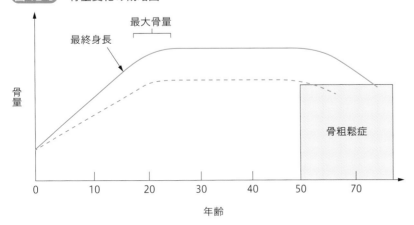

注　点線は最大骨量が低い場合の推移
出典　Davies JH, Evans BA, Gregory JW: Bone mass acquisition in healthy children. *Arch Dis Child*. 90：373-378, 2005 をもとに筆者作成

2 骨量に関係する要因

　PBM の決定因子としては遺伝、内分泌因子（性ホルモン、成長ホルモン）、栄養（たんぱく質、カルシウム、ビタミン D）、運動など様々な因子がかかわっている[9, 10]。その概要を示しているのが 図 12-6 である。これらの主要な因子について 1 つずつ解説する。

図 12-6　骨量を決定する主要な 4 つの因子

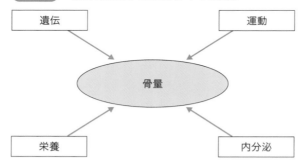

（1）内分泌
❶性ホルモン（エストロゲン）
　エストロゲンは、破骨細胞による骨吸収と骨芽細胞による骨形成に作用し（図 12-7）、平衡を維持することで骨量を保つと考えられている[11]。思春期から初経にかけてはエストロゲン濃度が急激に増加することで、骨芽細胞による骨形成が亢進し、骨量が急激に高まると推測されている。また、エストロゲンが欠乏すると、破骨細胞による骨吸収が亢進し、骨量が減少すると考えられている。

図 12-7　骨代謝のイメージ

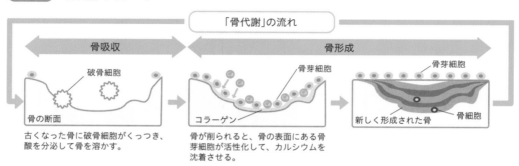

❷成長ホルモン（IGF-1）

IGF-1 は成長ホルモンの刺激により主に肝臓で産生され、骨芽細胞を刺激し、骨形成を促進する。また腎尿細管でのビタミン D の活性化を促進し、腸管からのカルシウム吸収を増加させる。IGF-1 濃度は思春期で最も高値となる。

（2）栄養

❶たんぱく質

たんぱく質そのものが骨の構成要素であること、また IGF-1 もたんぱく質から構成されていることから、食事によるたんぱく質摂取は骨形成を促進するために重要である。個人の食習慣によって過不足が生じやすいので注意する。

❷カルシウム

体内のカルシウムの約 99％は骨に存在する。カルシウム摂取量が少ないことは低骨量の原因とはなるが、カルシウム摂取量が多ければ多いほど骨折の予防効果が高いというわけではないといわれている[12]。サプリメントなどによるカルシウムの過剰摂取は健康被害の報告もあり、注意が必要である。ただし、日本人のカルシウム摂取量は概して不足しており、不足が疑われる場合は食事での摂取を促す必要がある。

❸ビタミン D

ビタミン D は、腸管からのカルシウム吸収と腎尿細管でのカルシウム再吸収を促す。食事（魚類やきのこ類など）と、日光曝露により皮膚で産生され供給される。

実際に、体内の主要な貯蔵形態である 25OH ビタミン D 濃度が低値の子どもたちに、ビタミン D を補充することで骨量が増加したとする報告もある[13]。

（3）運動

運動は、骨に対して力学的なストレスをかけることで骨量を増加させる。このことは、多くの研究で報告されており、基本的には運動する人の骨量は高くなる[14, 15]。

しかしながら、高強度や長時間の運動が引き起こす心理的・肉体的ストレスや相対的エネルギー不足（RED-S）は視床下部 - 下垂体系の障害を引き起こし、視床下部性無月経（運動性無月経）を生じさせる。また女性アスリートにおいては、無月経が引き起こす低エストロゲン状態では低骨量となり、競技生活においては疲労骨折のリスクとなるほか、将来においても骨粗鬆症

のリスクが増加することとなる[16]。実際に長距離ランナーの65%、ダンサーの69%に無月経を認めたという報告もあり[17]、痩せていることが求められるアスリートには注意が必要である。

　スポーツ医学の観点からは、「体重減少がない」としても、「エネルギーバランスの均衡がとれていた」としても、RED-Sである可能性を検討する必要がある。特に、成長過程では長時間の練習や運動によってアンバランスになることも想定され、骨成長にも何らかの影響が及ぼされることを危惧しなければならない。

引用文献

1 ）Torbjørn S et al: Sports injury and illness incidence in the Rio de Janeiro 2016 Olympic Summer Games: A prospective study of 11274 athletes from 207 countries. *Br J Sports Med.* 51（17）:1265-1271, 2017

2 ）Engel GL: The need for a new medical model:a challenge for biomedicine. *Science.* 196（4286）:129-136, 1977

3 ）伊藤雅充「アスリートセンタードコーチング―伝わらないのは理由がある―特集 なぜ、指導の言葉が届かないのか」『Training journal』第38巻第5号　2016年　pp.32-35

4 ）Nattiv A et al : American College of Sports Medicine position stand. The female athlete triad. *Med Sci Sports Exerc.* 39（10）: 1867-1882, 2007

5 ）Mountjoy M et al : The IOC consensus statement : beyond the female athlete triad - relative energy deficiency in sport（RED-S）. *Br J Sports Med.* 48 : 491-497, 2014

6 ）De Souza MJ et al : 2014 Female athlete Triad Coalition Consensus Statement on Treatment and Return to Play of the Female Athlete Triad : 1st International Conference held in San Francisco, California, May 2012 and 2nd International Conference held in Indianapolis, Indiana. May 2013 *Br J Sports Med.* 48 : 289, 2014

7 ）Davies JH et al: Bone mass acquisition in healthy children. *Arch Dis Child.* 90 : 373-378, 2005

8 ）Hernandez CJ et al: A theoretical analysis of the relative influences of peak BMD, age-related bone loss and menopause on the development of osteoporosis. *Osteoporos Int.* 14:843-847, 2003

9 ）Golden NH and Abrams SA: Committee on Nutrition. Optimizing bone health in children and adolescents. *Pediatrics.* 134 : e1229-1243, 2014

10）Balasch J: Sex steroids and bone: current perspectives. *Hum Reprod Update.* 9:207-222, 2003

11）Theintz G et al: Longitudinal monitoring of bone mass accumulation in healthy adolescents: evidence for a marked reduction after 16 years of age at the levels of lumbar spine and femoral neck in female subjects. *J Clin Endocrinol Metab.* 75 : 1060-1065, 1992

12) Wells G et al: Osteoporosis Methodology Group and The Osteoporosis Research Advisory Grop. Meta-analyses of therapies for postmenopausal osteoporosis. Ⅶ. Meta-analysis of calcium supplementation for the prevention of postmenopausal osteoporosis. *Endoccr Rev.* 23：552-559, 2002

13) Winzenberg T et al: Effects of vitamin D supplementation on bone density in healthy children: systematic review and meta-analysis. *BMJ.* 342：c7254, 2011

14) Nilsson M et al: Previous sport activity during childhood and adolescence is associated with increased cortical bone size in young adult men. *J Bone Miner Res.* 24：125-133, 2009

15) Tucker LA et al: Effect of two jumping programs on hip bone mineral density in premenopausal women: a randomized controlled trial. *Am J Health Promot.* 29：158-164, 2015

16) Warren MP et al: Scoliosis and fractures in young ballet dancers. Relation to delayed menarche and secondary amenorrhea. *N Engl J Med.* 314：1348-1353, 1986

17) Mountjoy M et al: The IOC consensus statement: beyond the Female Athlete Triad-- Relative Energy Deficiency in Sport (RED-S). *Br J Sports Med.* 48：491-497, 2014

学 び の 確 認

（　　　　）に入る言葉を考えてみよう。

① BPS モデルは、「Biomedical：（　　　　）」「Psychological：（　　　　）」「Social：（　　　　）」の頭文字であり、BPS モデルでは、クライアント自身の考えや経験を十分に知り、（　　　）の意味を理解する。

② 1 日のエネルギー摂取量から運動により消費されるエネルギーを引いた残りのエネルギーのことを（　　　　　　）という。

③女性アスリートの三主徴とは、摂食障害を伴う、または伴わない利用可能エネルギー不足、（　　　　　　）、（　　　　　）をさし、女性アスリート特有の健康管理上の問題点である。

④骨量を決定する主要な因子は遺伝、内分泌、（　　　）、（　　　）である。

⑤（　　　　　　）は骨吸収と骨形成に作用し、平衡を維持することで骨量を保つと考えられている。

⑥（　　　　）は成長ホルモンの刺激により主に肝臓で産生され、骨芽細胞を刺激し、骨形成を促進する。

⑦（　　　　）が引き起こす低エストロゲン状態では低骨量となり、競技生活においては疲労骨折のリスクとなる。

第IV部 スポーツ栄養の応用領域を学ぼう

暑熱対策

なぜこの章を学ぶのですか？

暑熱環境下の運動ではパフォーマンスは低下する傾向にあるとともに、熱中症という障害に陥る可能性もあります。暑熱環境下でもパフォーマンスを維持し安全にスポーツを行うためには、熱中症の予防など暑熱環境への対策について知っておくことが重要です。

第13章の学びのポイントは何ですか？

暑熱環境が人体に及ぼす影響と暑熱環境下でパフォーマンスを維持するための適切な水分補給の方法を理解することです。また、熱中症の予防法と熱中症発生時の対応方法についても学びます。

考えてみよう

1 熱中症予防を目的とした水分補給に適した飲料にはどんなものがあるだろうか？

2 熱中症が疑われる場合に、どのような対応をとりますか？

Case　熱中症の既往のある選手へのサポート

サポートに至る経緯

　G 選手は陸上競技 1500 m の実業団選手である。重症の熱中症の既往のほかに、複数回の熱中症様症状の経験があるため、暑熱対策のアドバイスが必要である。生活習慣や食事、水分摂取の状況に加え、そのほかの暑熱対策の取り組み状況を踏まえたサポートが求められた。

G 選手のプロフィール

▶ 25 歳男性。
▶ 陸上競技（1500 m）実業団チーム所属。
▶ 平日午前は職場に勤務し、午後に週 5 〜 6 日トレーニングを実施している。
▶ 学生時代に熱中症で倒れ、救急搬送された経験があり、それ以外にも何度か夏の練習後に体調を崩している。

アセスメントによる課題抽出

課題❶ 午前の勤務先から午後のトレーニングまでの移動に時間がかかり、昼食を摂れていないことがある。
課題❷ 飲水量が少ない。

サポートの目標と内容

▶ 昼食を摂取するためのトレーニング時間の調整をすすめる。
▶ 最低限のエネルギー補給をするための手軽に摂取できる補食の提案。
▶ 日常的な飲水量の把握とトレーニング前後での体重減少率の測定 Point 。

　　　　Point 脱水の危険性と体重測定による脱水把握について説明し、注意喚起をした。

スタッフとの連携

　トレーニング前に食事を摂る時間が確保できていないことについて相談する。
　熱中症の既往があり、対策を行ったとしても発症の可能性が別の選手よりも高いため、熱中症発生時の対応方法についてチームドクター、トレーナー、コーチと確認をする。

1 暑熱のもたらす影響

暑熱環境は人に様々な影響を及ぼすが、暑熱環境とは単に気温が高いことをさすわけではない。暑熱環境であるかどうかを把握するために、暑さ指数を活用することが多い。暑熱環境は、熱中症の発症や運動パフォーマンスの低下につながる。

1 暑熱環境とは

暑熱対策を考えるためには、どのような状況が暑熱環境なのかを理解する必要がある。暑熱環境は、単に気温が高いことをさすのではない。湿度や日差しの強さ、風などの要素が複合的に関係して暑熱環境を生み出している。日本の夏は高温多湿であり、気温がそれほど高くなくても、湿度が高いことから暑熱状態になり、生活やスポーツ活動に大きな影響を及ぼす。

暑熱環境であるかどうかを把握するためには、暑さ指数が使用されることが多い。暑さ指数は WBGT（Wet Bulb Globe Temperature：湿球黒球温度）ともいわれ、気温だけではなく、湿度や日差しの影響も考慮した指標である。日本スポーツ協会は、「熱中症予防運動指針」において、暑さ指数の測定を推奨しており、暑さ指数の程度による熱中症対策指針を示している。

2 暑熱環境の影響

（1）熱中症

暑熱環境は人の体温調整に影響を及ぼす。人は通常、気温が高くても低くても、体温を37℃程度に保つことができる。これは体内で様々な機構が働いて、体外に熱を逃がす放熱と体内で熱を産み出す産熱によって体温調整が行われているからである。しかし、高温多湿の環境下では、放熱がうまくいかなくなり、体温が上昇し、様々な症状が生じる。このような暑熱環境の影響に起因する体温上昇に伴う体調不良を熱中症という（図13-1）。

熱中症は通常の生活でも生じることがあるが、スポーツのような身体活動を行っている最中には、放熱がうまくいかないだけではなく、体内での産熱が増え、より熱中症発症の危険性が高まる。このような身体活動を伴う熱中症を特に労作性熱中症と呼ぶ。

労作性熱中症は、その症状によって熱射病、熱疲労、熱失神、熱けいれん

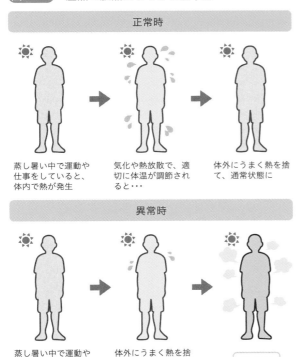

図 13-1　産熱と放熱のしくみと熱中症

正常時

蒸し暑い中で運動や仕事をしていると、体内で熱が発生

気化や熱放散で、適切に体温が調節されると‥‥

体外にうまく熱を捨て、通常状態に

異常時

蒸し暑い中で運動や仕事をしていると、体内で熱が発生

体外にうまく熱を捨てられず、体に熱がたまってしまうと‥‥

熱中症

表 13-1　熱中症の 4 分類

名称	症状
熱射病	体温上昇により、中枢機能が障害され、意識障害が起こる 深部体温が上昇し、臓器に障害が起こる
熱疲労	大量の発汗や体温上昇による倦怠感が意識低下が起こる
熱失神	血管拡張による血圧低下で、倦怠感や脱力感・ふらつきが生じる 意識を消失することもある
熱けいれん	大量の発汗による脱水や水分だけの補給にともなう電解質不足で筋がけいれんを起こす

　の 4 つに分類される（表 13-1）。わが国では、この分類を使用せず、重症・中等症・軽症の重症度で区別されることもあるが、国際的にはこの 4 つの分類が利用されることが多いため、どちらも理解しておくことが必要である。

　熱中症は、重症の場合、意識障害や多臓器不全などの重い症状が生じ、死に至る危険性もある。中等症では、頭痛や吐き気、倦怠感、虚脱感などの症状があり、軽症では、ふらつきや立ちくらみ、筋のけいれんなどが生じる（表 13-2）。

表13-2 熱中症の重症度分類と症状

分類	症状	重症度	対応	従来の分類	備考
I度	めまい 大量の発汗 失神、筋肉痛、 こむら返り	軽症	・**通常は入院不要** ・安静 ・経口的に水分と塩分を補給	熱失神 熱痙攣	症状が徐々に改善してくれば、現場での応急処置と見守りでOK
II度	頭痛嘔吐、 倦怠感、虚脱感、 集中力や判断力の低下		・**入院管理が必要** ・体温管理 ・安静 ・水分と塩分の補給（経口摂取が困難な場合は点滴）	熱疲労	II度の症状が出現したり、I度の症状の改善がみられない場合は病院へ搬送
III度	下記の3症状のいずれか1つを確認 ①中枢神経症状 　意識障害、痙攣発作 ②肝・腎機能障害 ③血液凝固異常	重症	・**集中治療が必要** ・体温管理 ・体表、体内冷却 ・呼吸管理　など	熱射病	III度か否かの判断は救急隊員もしくは病院での診察・検査で診断される 学校では、意識障害を確認したらすぐに救急要請を行う

出典　一般社団法人日本救急医学会「日本救急医学会熱中症分類2015」を一部改変

（2）運動パフォーマンスの低下

　熱中症のような明らかな体調不良が生じていないときであっても、暑熱環境は身体に影響を及ぼしている。暑熱環境下では、身体は放熱を促進するために、皮膚表面への血流を促進している。皮膚表面の血流量の増加は、脳や筋に配分される血流を減少させ、暑熱環境で運動パフォーマンスが低下する1つの理由となる。

　また、暑熱環境下では体温上昇を避けるために、放熱が促進される。放熱の主な手段は発汗であり、汗が蒸発する際に、熱を奪っていく。しかし、発汗によって体内の水分がある程度以上失われ、脱水状態を起こしているとそれ以上の発汗ができず（図13-2）、運動パフォーマンスはさらに低下してしまう。

　このように、暑熱環境は熱中症という体調不良状態を生むきっかけになるとともに、体調不良状態ではなくとも運動パフォーマンスを低下させてしまう恐れがある。

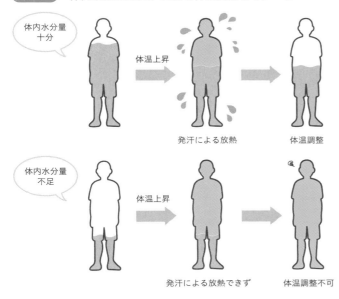

図 13-2　体内水分量の違いによる体温調節のイメージ

体内水分量
十分

体温上昇

発汗による放熱

体温調整

体内水分量
不足

体温上昇

発汗による放熱できず

体温調整不可

2　水分補給

　暑熱による健康、運動パフォーマンスへの影響を最小限にするためには、脱水状態になっていないかを把握し、適切に水分補給を行うことが必要である。水分補給には、何を、いつ、どのくらい飲むかが重要である。自分の発汗量を少なく見積もっていることも多いため、注意する。

1　脱水の影響と脱水状態の把握方法

　暑熱環境では、体温を維持するために発汗による放熱が促進される。しかし、発汗によって脱水を起こすと運動パフォーマンスが低下してしまう。どの程度の水分補給が必要かを把握するためにも、発汗量を把握することは必要である。

　発汗量を把握するための一般的な方法として、スポーツ活動の前後で体重を測定し、体重の変化を算出することが用いられている。スポーツ活動中の発汗量は環境に加え、運動時間、個人差の影響を大きく受けるが、平均的には 1 〜 2 リットルくらいであるといわれている。男女で比較をすると男性で発汗量が多い。「平均的には 1 〜 2 リットルくらいの発汗」と聞いたときどのような印象をもつだろうか。「そんなに発汗している実感はない」と思

う人も多いのではないか。アスリートに対する調査でも、本人がこのくらいの発汗があっただろうと推定した量は、実発汗量の半分程度であり、多くのアスリートが発汗量を過小に見積もっていることがわかった[1]。発汗量に実感を持つために、実際に体重減少量を把握する取り組みも必要である。

汗の比重は 1.0 g/mL であるため、体重 70 kg の人が 2 リットルの発汗をした場合に、水分補給をしていなければ、2 kg の体重減少があることになる。これは体重の約 2.8％分脱水したことになる。体重減少率が 2％以下であれば、運動パフォーマンスにはあまり影響がないが、それ以上の体重減少があった場合には、＋1％の脱水につき深部体温が約 0.3℃の上昇、心拍数が約 10 拍／分の増加が生じる。そのため、体重減少率 2％では持久性のパフォーマンスの低下が現れ、3％以上ではスプリントパフォーマンスの低下も生じるといわれている[2]。

脱水を実感する感覚としては喉の渇きがある。しかし、喉の渇きを感じるのは、体重減少率が 2％程度のときであるため、渇きを感じた時点ではパフォーマンスの低下を起こしはじめていることに注意が必要である。

脱水状態の把握を手軽に行う別の方法として、尿の色を確認する方法も知られている。スポーツ施設ではトイレに指標とする Urine Color Chart*1 を掲示しているところも増えている。尿の色を確認するときの指標は、「尿が濃い黄色であったか」である。濃い黄色であると感じられた場合は、脱水状態の可能性があるので注意が必要である。

＊1 Urine Color Chart の例

2 適切な水分補給

適切な水分補給はパフォーマンスを保ち、熱中症を予防するための重要な要因である。水分補給の目標は、運動前後の体重減少率を 2％以下にすることである（図 13-3）。そのために、いつ飲むか、どのくらい飲むか、何を飲むかを主なテーマとして適切な水分補給の方法について紹介する（表 13-3）。

図 13-3　体重減少率の求め方

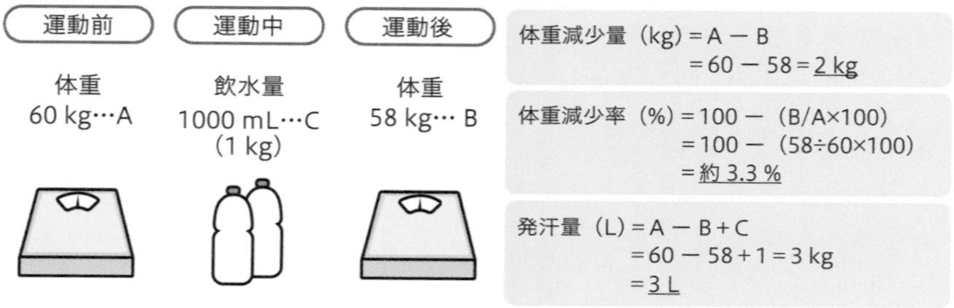

運動前	運動中	運動後
体重 60 kg…A	飲水量 1000 mL…C (1 kg)	体重 58 kg… B

体重減少量（kg）＝ A － B
　　　　　　　　＝ 60 － 58 ＝ 2 kg

体重減少率（％）＝ 100 －（B/A×100）
　　　　　　　　＝ 100 －（58÷60×100）
　　　　　　　　＝ 約 3.3 ％

発汗量（L）＝ A － B ＋ C
　　　　　　＝ 60 － 58 ＋ 1 ＝ 3 kg
　　　　　　＝ 3 L

| 表 13-3 | 水分補給のまとめ |

	運動前	運動中	運動後
いつ飲むか	運動開始前 4 時間程度から	適宜水分補給タイムを設ける	
どのくらい 飲むか	500 mL 程度を 少しずつ飲む	体重減少率を 2 % 以内にできるように少しずつ飲む	次の運動までの時間がない場合は、発汗量の 1.5 倍程度を飲む
何を飲むか		冷たいスポーツドリンク	

（1）いつ飲むのか

運動パフォーマンスの維持を考えるならば、喉が渇いたときに水分補給をしているのでは遅いというのは前述のとおりである。脱水状態に陥らないように、運動開始前、運動中、運動後のタイミングに注意して水分摂取をするとよい。練習であれば運動中のこまめな水分補給ができるように水分補給タイムを設けるとよい。

（2）どのくらい飲むのか

運動開始前であれば、運動開始 4 時間程度前から 500 mL 程度を少しずつ飲んでおくのがよいといわれている [3, 4]。運動後は、適切な食事と体重減少量を補う十分な水分を摂取すればよいといわれているが、次の運動までに時間がない場合には、体重減少量の 1.5 倍程度の水分補給をするとよい [3, 4]。

運動中の水分補給については、競技特性や個人差などがあり、具体的な量を示すことは難しいが、上限として発汗量を超えない量、下限として体重減少率 2 % 相当量を下回らない量であることが基準とされている [3]。この基準での水分補給をするためには、前述の脱水状態の把握方法により、自身の発汗量を定期的に確認しておくとよい。

後述の何を飲むかにも関係するが、大量の飲水は低ナトリウム血症[*2]という状態を引き起こすことがあるため、水分の過剰摂取には注意が必要である。また、一度に 500 mL 程度の水分をまとめて摂取した場合、15 分後にも半分程度が吸収されず胃内に残ってしまう [5]。喉の渇きを自覚すると、大量の飲水をしたくなることがあるが、効果的な水分補給のためには、少量ずつこまめに摂取することが望ましい。

［*2　低ナトリウム血症］
水の調節機能が正常に働かず、血中のナトリウムの濃度が低下してしまう電解質代謝異常である。暑熱環境での運動で、脱水状態であるが、電解質（ナトリウムなど）の補給をせず、水だけを摂取した場合に発症する。水中毒といわれることもある。主な症状としては吐き気、疲労感、頭痛、全身倦怠、筋けいれんなどがあり、ひどいときには意識障害や昏睡に陥ることがある。

（3）何を飲むのか

　何を飲むべきかは、タイミングと目的によって変わる。暑熱対策としては、水および電解質[*3]の補給が特に重要になる。

　運動前、運動後に摂取するものは食事から摂取できている栄養素や運動時間、内容にも関係するが、水・お茶などでの摂取でも問題ないといわれている。もちろん運動前、運動後の水分補給としてスポーツドリンクを摂取してもかまわないが、エネルギーの過剰摂取により体重管理などに影響が出ないように注意する必要がある。

❶スポーツドリンク

　運動中の水分補給は、発汗によって失われた電解質などを補給する目的として、スポーツドリンクが有効である。スポーツドリンクはアイソトニックドリンクとハイポトニックドリンクに分けられる。アイソトニックドリンクは安静時の体液と同じ浸透圧になるように調整されており、ハイポトニックドリンクは運動時の脱水による浸透圧の低下を想定して、安静時の浸透圧よりもやや薄めに調整されている。スポーツ活動中の水分補給として、どちらが望ましいかは、状況や個人の嗜好性などにもよるため、一概に結論づけることはできない。しかし、脱水予防のための水分補給には、電解質（ナトリウム）は 40 ～ 80 mg/100 mL 程度（0.1 ～ 0.2%の食塩水に相当）、糖質は 2 ～ 6%（2 ～ 6 g/100 mL）の飲料が適切な範囲であると考えておくとよい[6]。「スポーツドリンクは半分に薄めたほうが吸収しやすい」という声を聞くことがあるが、薄めてしまうとナトリウムの摂取量が少なくなったり、浸透圧が変わり吸収を阻害したりすることがあり、期待する効果が得られなくなるため、スポーツドリンクを薄めることはすすめられない。

❷スポーツドリンク以外

　炭酸飲料やエナジードリンクで水分補給をはかるアスリートもいるが、それらの飲料は糖質濃度が高く、胃内に残留する時間が長いため、摂取する量とタイミングに注意する必要がある。また、「コーヒーなどのカフェインを含む飲料は利尿作用があるため、スポーツ活動前後は避ける」という考えも見受けられるが、日常的にカフェイン入り飲料を摂取している人の場合、カフェイン摂取による利尿作用は無視できる程度であるといわれている[7]。個人によって異なるため、対象者の背景を把握した上で検討することが重要である。

　同じ飲料であっても、その温度によって吸収速度が異なることがわかっている。5 ～ 10℃くらいの温度が速く吸収されるため、冷やした飲料を摂取できるとよい[8]。

＊3　電解質
水に溶けて身体の働きを調整する機能を果たすミネラルのことである。身体には様々なミネラルが必要だが、水分の調整にはナトリウムが主要な働きを果たしている。

（4）アイススラリー・クラッシュドアイス

近年、脱水対策としてだけではなく、冷たいものを摂取することが、暑熱対策として有効であることがわかってきた。

例えばアイススラリーは、水と微小な氷がシャーベット状に混ざった氷飲料であり（図13-4）、低温（－1度）で流動性が高く、氷が水に溶ける際に体内の熱を多く吸収することができる。運動前・運動中にこまめに摂取することで体温上昇を抑えることができる。アイススラリーは専用の機械でつくられるが、その代用であるクラッシュドアイスは、氷とスポーツドリンクを3：1程度の割合でミキサーにかけて作製することができる。クラッシュドアイスでもアイススラリーと同程度の効果が期待できるため[9]、熱中症予防やパフォーマンスの維持に活用できるとよい。

図 13-4　氷とアイススラリーの違い

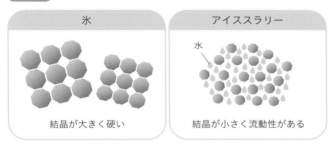

氷　結晶が大きく硬い

アイススラリー　水　結晶が小さく流動性がある

3　暑熱への対応

熱中症を起こさないようにするためには、体調管理や衣服の選択にも注意する必要がある。熱中症が発生した際には、できる限り全身を冷やし、体温を下げるようにすることが重要である。

1　熱中症の予防

熱中症の予防の取り組みには、環境の把握、適切な水分補給以外に、風通しのいい衣服を着用することや暑さになれるために徐々に運動をすることなどがある。

暑熱環境下では風通しのいい衣服の着用が望ましく、直射日光を避けるために、帽子を着用するとよい。アメリカンフットボールや剣道などのような防具をつけて実施するスポーツの場合は、防具を外して休む時間を確保する

などの工夫が必要である。

　熱中症は必ずしも外気温が高い夏だけに起こるわけではない。春先など急に気温が高くなってきたときにも熱中症は多く発生している。これには暑さへのなれがかかわっている。急に暑くなったときには、運動を中止したり、軽い運動にしたりするなどして、暑さになれるようにすることが必要である。暑さになれることを暑熱順化といい、数日間の暑熱環境下における強度の低い運動の実施によって、順化が得られるといわれている。

　また、睡眠、休養などの体調管理も非常に重要である。体調が優れないときには、運動参加を見合わせる必要もある。特に、過去に熱中症の既往がある場合、暑熱時の運動参加は慎重に決めなくてはならない。栄養面では、日常的に適切な水分補給を心がけておくとともに、3食のそれぞれで主食、主菜、副菜のそろった食事をしっかり摂ることが必要である[10]。

2 熱中症の発生時の対応

　熱中症が疑われる状態になった場合は、速やかに運動を中止し、適切な応急手当をする必要がある。発症者を風通しのいい、涼しい場所に移動し、手当を始める。これまで、熱中症の応急手当としては、袋に入れた氷を首筋や股関節、わきなどに当てることが効果的だといわれてきたが、様々な研究によって、それらの方法には期待されたほどの体温冷却効果がないことがわかった[11]。熱中症の応急処置として第1選択とされているのは、冷水浸漬（Cold Water Immersion：CWI）である。この方法は、冷水を溜めた容器に発症者を漬ける方法である（図13-5）。もっとも冷却効果が高いが、道具などの面で実施できる環境が整っていないことが多い。そのため、代替法

図 13-5　冷水浸漬

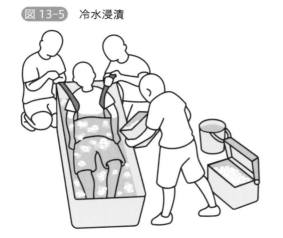

図 13-6　アイスタオルによる冷却

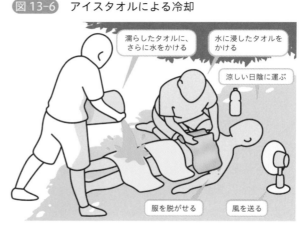

濡らしたタオルに、さらに水をかける
水に浸したタオルをかける
涼しい日陰に運ぶ
服を脱がせる
風を送る

としてアイスタオルによる冷却を紹介する。アイスタオルは氷水につけたタオルを濡れたまま身体に当てる方法である（図13-6）。タオルが冷たくなくなったら交換し、継続して冷却する。発症者に意識がある場合、寒さを訴える場合もある。本来は深部体温の測定をしながら、十分に体温が下がったことを確認して、手当を終了することが望ましいが、わが国の環境ではそれが困難であるため、意識の清明さなどを参考として、手当を終了する。ただし、症状が回復したと考えられても数分後に再度状態が悪くなることもあるため、30分～1時間程度は経過観察をすることが望ましい。なお、意識がない場合や対応に困った場合には迷わず119番通報をした上で、アイスタオルなどの対応をしておくとよい。

引用文献

1）O'Neal E et al: Post-Exercise Sweat Loss Estimation Accuracy of Athletes and Physically Active Adults: A Review. *Sports.* 8（8）:113, 2020

2）Yoshida T et al: The critical level of water deficit causing a decrease in human exercise performance: a practical field study. *Eur J Appl Physiol.* 87（6）:529-534, 2002

3）American College of Sports Medicine: American College of Sports Medicine position stand. Exercise and fluid replacement. *Med Sci Sports Exerc.* 39（2）:377-390, 2007

4）宮川達ほか「運動時の水分補給に関する変遷ならびに日本における運動習慣のある若年成人の現状と課題」『筑波大学体育系紀要』第34巻 2011年 pp.17-25

5）Mitchell JB et al: The effect of volume ingested on rehydration and gastric emptying following exerciseinduced dehydration. *Med Sci Sports Exerc.* 26（9）:1135-1143, 1994

6）日本スポーツ振興センター国立スポーツ科学センター「競技者のための暑熱対策ガイドブック」24 2017年

7）Armstrong LE et al: Fluid, electrolyte, and renal indices of hydration during 11 days of controlled caffeine consumption. *Int J Sport Nutr Exerc Metab.* 15: 252-265, 2011

8）Lee JK et al: Cold drink ingestion improves exercise endurance capacity in the heat. *Med Sci Sports Exerc.* 40（9）: 1637-1644, 2008

9）日本スポーツ振興センター国立スポーツ科学センター「競技者のための暑熱対策ガイドブック[実践編]」5 2020年

10）來海由希子ほか「運動部に所属する高校生の熱中症が疑われる自覚症状と食習慣に関する実態」『日本スポーツ健康科学誌』第8巻第1号 2022年 pp.21-29

11）McDermott BP et al: Acute whole-body cooling for exercise-induced hyperthermia: a systematic review. *J Athl Train.* 44（1）: 84-93, 2009

参考文献

日本スポーツ協会「スポーツ活動中の熱中症予防ガイドブック」
　https://www.japan-sports.or.jp/Portals/0/data/supoken/doc/heatstroke/heatstroke_0531.
　pdf
環境省「熱中症環境保健マニュアル 2018」
　https://www.wbgt.env.go.jp/pdf/manual/heatillness_manual_full.pdf
日本スポーツ振興センター国立スポーツ科学センター「競技者のための暑熱対策ガイドブック」
　https://www.jpnsport.go.jp/jiss/portals/0/jigyou/pdf/shonetsu.pdf
日本スポーツ振興センター国立スポーツ科学センター「競技者のための暑熱対策ガイドブック［実践編］」
　https://www.jpnsport.go.jp/hpsc/Portals/0/resources/jiss/jigyou/pdf/shonetsu2.pdf

学びの確認

（　　　　　）に入る言葉を考えてみよう。

①日本の夏は高温多湿であり、気温がそれほど高くなくても、（　　　　）が高いことから暑熱状態になりやすい。

②暑さ指数は（　　　　　）ともいわれ、気温だけでなく、（　　　）や（　　　　）の影響も考慮した指標である

③暑熱環境の影響に起因する体温上昇に伴う体調不良を（　　　　）という。

④労作性熱中症は、その症状によって（　　　　　）、（　　　　　）、（　　　　　）、（　　　　）の４つに分類される

⑤放熱の主な手段は、（　　　　　）であり、汗が蒸発する際に、熱を奪っていく。しかし、発汗によって体内の水分がある程度以上失われ、（　　　　　）を起こすと、運動パフォーマンスはさらに低下してしまう。

⑥大量の飲水は（　　　　　　　）という状態を引き起こすことがあるため、過剰摂取には注意が必要である。

⑦熱中症が疑われた場合には、（　　　　　）で応急手当をすることがすすめられる。しかしこの方法は事前に準備が必要であるため、代替法として（　　　　　）を行うこともある。

腸内環境とコンディション

なぜこの章を学ぶのですか？

　21世紀に入り、腸内細菌叢の研究が世界中で実施されるようになり、ヒトの健康との密接なつながりが次々と明らかにされています。腸内細菌の重要性を知ることは、運動パフォーマンスを維持するためにも大切なことです。

第14章の学びのポイントは何ですか？

　腸内細菌叢と私たちの健康およびコンディションとの関連性に関する研究について学び、どのように腸内環境を維持していくべきかを理解します。

＼ 考えてみよう ／

① おなかの調子が悪くなると、アスリートにとってどのようなデメリットが生じると考えられるだろうか？

② 腸内環境を整えるためには何をすればよいだろうか？

Case 世界トップレベルのサッカー選手に対する ビフィズス菌トレの実施

栄養サポートに至る経緯

　H 選手は、世界トップレベルのリーグで活躍するサッカー選手である。新しい海外チームに移籍し、慣れない生活環境においてコンディションを保つことに課題を感じていた。その中でも、特に食事の重要性を実感し、腸内環境をよくすることでコンディションも改善されるのではないかと、H 選手自身の主訴があり、「ビフィズス菌トレ」★を実施することとした。

★「ビフィズス菌トレ」は森永乳業株式会社が 2020 年 6 月から開始した腸内改善をめざすプログラムのこと。

H 選手のプロフィール

▶ 海外リーグで活躍する世界トップレベルのサッカー選手。
▶ 慣れない環境下でコンディションを維持するために、あらゆることに前向きに取り組もうとするプロフェッショナルな姿勢をもっている。

栄養サポート内容―ビフィズス菌トレとは？

　ビフィズス菌トレは、ビフィズス菌を摂ることを中心に、「知識」「食事」「運動」「心」の各コンテンツ★を組み合わせることで、大腸の腸内環境をカラダの内と外の両面から、より強く、より健やかな状態へと鍛えていくことを目的として提唱されたトレーニング方法である。

★「知識」：腸内細菌叢やビフィズス菌に関する正しい知識を学ぶことで、腸内環境を改善すべき正しい方法を学ぶ。
　「食事」：腸内環境にとってプラスに働く、おいしいレシピを考案し、楽しく続けられる腸活をサポートする。
　「運動」：体を動かすことは排便や腸内細菌叢に影響を及ぼす。ビフィズス菌を摂取することで体の内側から、運動を通じて外側からの相乗効果をめざす。
　「心」：最大限のパフォーマンスを発揮するためには、プレッシャーに押しつぶされることなく自分を見失わないこと。自身の心との向き合い方について考える。

ビフィズス菌トレの目標とサポート内容

▶ 腸内細菌に関する正しい知識を習得する Point 1 。
▶ おなかの調子に不安を抱えるアスリートを対象に、毎日のビフィズス菌摂取を継続してもらう Point 2 。
▶ 腸内細菌叢を経時的に分析しつつ、食生活や体調との関連性を解析してフィードバックする Point 3 。
▶ 検証を通じて各自の腸内細菌叢に影響を与える水溶性食物繊維の探索を行う Point 3 。

> Point 1 「腸内細菌叢」の勉強会で腸内環境と健康・パフォーマンスとの関連性の理解を深めた。
> Point 2 継続可能な形態（ヨーグルトやビフィズス菌末）での提供や飽きのこない様々なレシピを提案。
> Point 3 腸内細菌叢の解析結果を定期的にフィードバックし、好不調時の腸内変化を「見える化」した。

　H 選手はおなかの調子を崩すことがなく、シーズンを通して好調を維持することができた。H 選手からは「コンディションがかなり上がってくることを実感でき、救世主に出会えた気分」という言葉があった。

1 腸内環境が身体に及ぼす影響

　私たちの身体には多くの微生物が棲んでおり、中でも大腸にはヒトの細胞数とほぼ同程度の腸内細菌が棲んでいる。この腸内細菌は宿主[*1]の健康維持に大きな影響を及ぼすことが、世界中の研究で次々と明らかになっている。スポーツ選手のコンディションに及ぼす腸内環境の重要性について考える。

＊1　宿主
腸内細菌が棲みついている生き物。

1 腸内細菌と私たち

（1）腸内細菌とは

　人体を構成する細胞の数は数十兆程度だが、私たちの身体にはこれを超える無数の微生物が共生している。中でも大腸内には40兆個程度の細菌が棲んでおり、世界で最も微生物密度が高い環境ではないかと考えられている。この腸内に棲息している細菌を腸内細菌叢といい、日本国内では腸内フローラとも呼ばれている。実に数百種類もの腸内細菌がそれぞれの腸内に棲息しており、食物を分解するだけではなく、免疫や代謝の調節、病原体の排除など宿主にとって有益な役割を担っている。

　一部の昆虫を除き、ほとんどの生物には常在する腸内細菌が棲息していると考えられており、腸内細菌であるビフィズス菌（*Bifidobacterium*）[*2]等は、少なくとも類人猿と共生しながら進化の過程を経て、ヒトにはヒトの、ゴリラにはゴリラのといったように、宿主ごとに特異的な細菌種が棲みつくようになったと考えられている。21世紀に入り遺伝子を解析する技術が飛躍的に向上したことを背景に、世界中で腸内細菌に関する研究が行われるようになった。わずか10年ほどで「どのような種類の細菌が棲んでいるのか」については結論が得られ、現在は「彼らは何をどのようにしているのか」を明らかにすべく研究が進んでいる。

＊2　ビフィズス菌
腸内に多く棲んでいる細菌群の1つ。摂取することで身体に有益な様々な生理作用が報告されている。

（2）腸内細菌叢と疾患

　2006年、腸内細菌は肥満の原因になり得ることが報告されて以来、世界中で実施された数多くの研究により疾患発症との関連性が報告されている。古くから腸内細菌が棲息している大腸の疾患発症に関与していることは知られていた。2010年代になると、肝臓や腎臓といったその他の臓器の疾患や、循環器系疾患やアレルギーなどの全身症状、精神疾患との関連性までが相次いで報告されている（図14-1）。こうした研究は、健常者と患者との腸内細

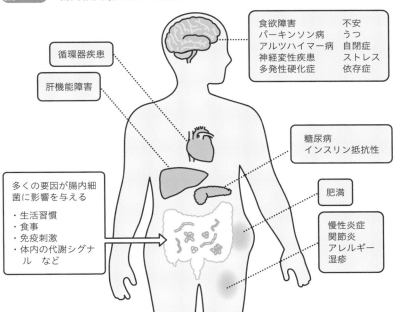

図 14-1　腸内細菌叢と疾患の関係

菌叢の比較から始まり、無菌マウスに患者由来の腸内細菌を定着させることで、当該疾患が発症することを証明するプロセスが一般的に用いられる。

2　アスリートと腸内細菌叢

　2014 年、アイルランドコーク大学からプロのラグビー選手の腸内細菌叢は多様性が高く、40 種ほどの菌群において、普段座りがちな健常者と割合が異なることが報告された[1]。さらに、その後の研究[2]でラグビー選手の腸内細菌叢は、アミノ酸合成や炭水化物代謝の経路、短鎖脂肪酸濃度が高いことが報告されたことで、アスリートの腸内細菌にも注目が集まるようになった。自転車選手を対象とした研究では、プロとアマチュア間で大きな差が認められなかったものの、週の運動時間がプロとアマチュア関係なく 16 時間以上の選手は特定の細菌が多く、この腸内細菌が分岐鎖アミノ酸の生合成亢進に関与していることが示されている[3]。このようにアスリートの腸内細菌は、棲んでいる菌の種類だけではなく、様々な代謝経路にも違いがあることが報告されており、この違いによって、腸内細菌が宿主も利用できるような代謝産物を効率的に産生し、一般成人以上に栄養素を必要とするアスリートへの供給源になっているのではないかとの仮説も立てられている。
　ここで大変興味深い事例として、ボストンマラソンの選手に関する研究[4]

を紹介したい。この研究では、ボストンマラソンの前後の期間に選手の腸内細菌叢を解析したところ、大会後には乳酸（第3章 p.50 参照）を消費し、プロピオン酸を産生するとある腸内細菌が増加しており、この細菌やプロピオン酸をマウスに投与することで運動パフォーマンスが向上することを明らかにしている[*3]。

　ほかにも、腸内環境がよい状態であると、腸管のバリア機能が保たれることでエンドトキシン等が血液中へ移行することを防ぎ、過度な炎症状態や酸化ストレスを防ぐことで骨格筋の機能を高めると考えられている。こうした作用メカニズムは腸から筋肉組織への影響という意味で腸筋相関（Gut-Muscle Axis）（図 14-2）ともいわれ、現在も精力的に研究が行われている最中である[5]。腸内環境がよい状態（図の上部）の場合、腸管のバリア機能が保たれることで LPS 等の炎症性物質が血液中へ移行することを防ぎ、骨格筋における過度の炎症状態や酸化ストレスを防ぐと考えられている。

＊3　箱根駅伝選手の腸内細菌叢解析
ボストンマラソンの事例と同様に、プロピオン酸を産生する腸内細菌（バクテロイデスユニフォルミス種：Bacteroides uniformis)が多い選手ほどパフォーマンスが高いという報告が、本稿執筆時の2021年6月にプレプリントとして公開されている。
https://www.biorxiv.org/content/10.1101/2020.03.04.975730v1.full

図 14-2　腸筋相関

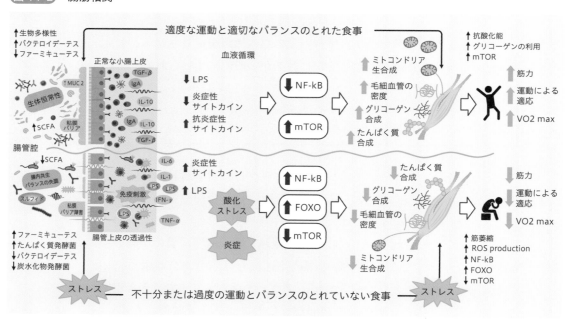

出典　Przewłócka K et al: Gut-Muscle AxisExists and May Affect Skeletal Muscle Adaptation to Training. *Nutrients*. 12: 1451, 2020

2 腸内環境を整えるために

　腸内細菌を変化させる要因は食習慣などの生活習慣と運動による影響が考えられる。腸内環境を整えるためには食事バランスを見直すほかに水溶性食物繊維を豊富に含む食事が大切である。アスリートの場合、プロバイオティクスの摂取によってオーバートレーニングがもたらす弊害のすべてに対して一定の作用があると考えられている。

1 腸内細菌を変化させる要因

　腸内細菌は、生後間もなく腸内に棲みつくようになり、その後の成長につれ腸内細菌同士の相互作用や、様々な外的要因が複雑に絡み合った結果、個人ごとに異なった構成をなしていくと考えられている（図14-3）。

図14-3　腸内細菌叢の構成に影響する外的要因

出典　筆者作成

（1）生活習慣

❶食習慣

　たんぱく質、脂質、炭水化物のバランスにより、腸内細菌叢は特徴的なバランスを有することが示唆されている。中でも炭水化物、特に宿主が消化・吸収できない水溶性食物繊維・オリゴ糖類（図14-4）は腸内細菌のエサになりやすく、宿主にとって有益な短鎖脂肪酸の産生量を増加させることから、積極的な摂取が推奨される。腸内細菌叢は細菌種が多い（多様性が高い）ほ

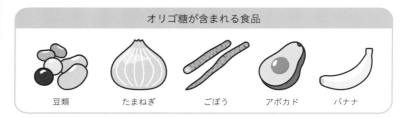

図 14-4　オリゴ糖類の多い食品の一例

オリゴ糖が含まれる食品

豆類　　たまねぎ　　ごぼう　　アボカド　　バナナ

ど、外部からの影響を受けた際にそのバランスを崩しにくいことから、それが健康な状態と考えられているが、高脂肪食や低食物繊維食ではこの多様性が低下してしまう。たんぱく質摂取は、腸内細菌叢の多様性を上げるが、食物繊維で増加する細菌群の割合が減少してしまい、硫化水素などの有害物質を産生する細菌を増加させるといった報告[6]も多い。

❷薬剤投与

　腸内細菌叢に最も大きな影響を及ぼす因子は、抗生物質や抗菌剤であると考えられている。これらは、短期のみならず長期にわたり、副作用として腸内細菌叢に影響を及ぼす。アスリートはケガの際、感染予防の観点から抗生物質を服用するケースも多いと想定されるが、過度の服用は腸内環境の悪化を招くことから、医師とよく相談の上、用量を決定する必要がある。

❸ストレス・サーカディアンリズム

　近年、脳と腸が密接に結びつきながら互いに影響を与えている点に注目が集まっており、脳腸相関と呼ばれている。極度のストレス状態にさらされる宇宙飛行士や自然災害の被災者、慢性疲労症候群患者などはディスバイオーシス[*4]を引き起こすことが報告されていることから、アスリートにおける試合前のストレスも少なからず腸内に影響があると考えられる。また、サーカディアンリズムの乱れもディスバイオーシスの原因であることが動物実験や海外旅行者の研究から示されている[7]。

❹その他

　その他にも加齢や宿主の遺伝型、地域性・環境など様々な要因で腸内細菌叢は影響を受けることが知られている。詳細については別途腸内細菌に関する入門書[8]などを参考にしていただきたい。

（2）運動

❶運動による腸内細菌叢への影響

　アスリートの腸内細菌叢は特殊であることを解説してきたが、これは栄養管理が行き届いた食生活の違いが主な要因ではないかと考えられていた。例えば、ボディービルダーと長距離選手では摂取する栄養素が大きく異なり、

＊4　ディスバイオーシス
正常な腸内細菌構成が異常なバランスになること。

腸内細菌叢も異なっているという観察研究[9]が存在する。一方で、運動は食事と独立した要因として腸内細菌叢のバランスに影響を及ぼすのではないかという報告も増えている[10]。その多くは動物実験によるものであるが、動物種や週齢、エサなどの違いから腸内細菌の挙動に関して統一した見解は得られていないようである。

　ヒトを対象とした観察研究では、心肺機能と腸内細菌との関連性が示されており、最大酸素摂取量と腸内細菌のバランスとの間に関連性があることが示されている[11]。別の研究では、若い被験者ほど多様性や酪酸産生菌[*5]の割合は心肺機能と正の相関があった[12]。スペインの研究では少なくとも週3時間以上運動習慣のある活動的な女性は、座っていることの多い女性よりも酪酸産生菌等の割合が高いという報告もされている[13]。こうした運動による腸内細菌叢の変化は、短鎖脂肪酸の増加や炎症性サイトカイン[*6]の減少をもたらすため、腸や脳、脂肪細胞や筋肉など多くの組織によい影響を与えると考えられている。

　しかし、動物実験同様に対象者の背景によっても運動が腸内細菌叢に与える影響は異なるようである。運動習慣がない健常成人を BMI が 25 未満と 30 以上の群に分け 6 週間の持久力トレーニングを行った結果、痩身群では酪酸産生菌の一部が増加するのに対し、肥満群では減少するというように逆の挙動を示す腸内細菌が確認された[14]。これらの変化は運動をしている期間のみ観察され、運動を止めてしまうと元に戻ってしまうとも報告されている。

❷運動が腸内細菌叢を変動させる原因とは

　ではなぜ運動が腸内細菌叢のバランスに影響を与えるのであろうか。いくつかの動物実験から、運動は免疫細胞の機能を変化させ、そこから産生される物質に影響を及ぼすことが示唆されている。運動により深部体温は上昇するが、この際体内でつくられるたんぱく質の 1 種が腸管のバリア機能の崩壊を防ぐことも報告されている[15]。また、腸内細菌叢のバランスに強い影響を及ぼす胆汁酸の分泌も運動によって変化することが報告されている。ほかにも、運動は腸の蠕動運動を活発にすることから大腸内の細菌叢へ物理的に影響を及ぼし、細菌同士の相互作用や pH が変化する可能性も考えられる。

＊5　酪酸産生菌
短鎖脂肪酸の１つである酪酸を多く産生する細菌。腸内細菌のつくる酪酸は、免疫の調整など私たちの健康を維持するために重要であると考えられている。

＊6　炎症性サイトカイン
免疫細胞を刺激・増殖させるために必要なシグナル分子であるが、過剰に分泌されることで強い炎症を引き起こし、様々な疾患の原因になると考えられている。

2 腸内環境を整えるために

（1） 食事バランスの見直し

　前項で述べた腸内細菌叢に影響を及ぼす様々な要因を考慮していくことで、腸内環境を改善・安定化させることはある程度可能となる。第一には、バランスのよい食事である。アスリートにとって、筋肉量を増加させるために良質なたんぱく質が必要となることは言うまでもないが、ヒトが代謝しきれない過剰なたんぱく質を摂取すると、前述した通り腸内環境が悪化する原因になりかねない。この問題を解決するためには、エネルギー産生栄養素のバランスを考えるだけではなく、水溶性食物繊維を豊富に含む食事が大切であると考えられる。スタンフォード大学のソネンバーグ（Sonenberg）博士はこうした食事を「MAC（Microbiota-accessible carbohydrates〔腸内細菌が利用できる食物繊維〕）食」と称して積極的な摂取を提唱している[15]。

（2） プロバイオティクスがアスリートの腸内環境に及ぼす影響

　食事内容は意識した改善を行うことがある程度可能だと考えるが、図14-3に示した腸内細菌叢に影響を及ぼすすべての要因について対応することは容易ではない。世界大会に参加するアスリートであれば、当然試合の度に環境は大きく変化し、時差によるサーカディアンリズム[*7]の崩れや大きなストレスを抱えることになる。さらに問題なのはアスリートのトレーニングは強度が高く、適度な運動とは逆に腸内細菌叢の多様性を低下させ、炎症を誘発するような細菌群が増加してしまう恐れが、研究結果から示唆されていることである[16]。過度のトレーニングの副作用としては、免疫力の低下や精神状態の落ち込み、酸化ストレスの上昇、そして便秘や下痢等の排便の不調が挙げられる（図14-5）。こうした腸内環境の悪化と副作用との関連性は現時点で明らかにされていないが、強度の高いトレーニング後に起こり得る症状を予防・軽減することが最も重要なコンディショニングの1つととらえられる。

　この課題解決策として注目されているのがプロバイオティクスの摂取である。ビフィズス菌や乳酸菌といったプロバイオティクスを摂取しても、腸内細菌叢が大きく変化することはないが、便秘の改善や下痢の予防、上気道感染症の予防やストレス症状の緩和、腸管バリア機能増強を含めた抗炎症作用など、図14-5に示すオーバートレーニングがもたらす弊害のすべてに対して一定の作用があると考えられている[16]。ただし、すべてのプロバイオティ

*7　サーカディアンリズム
体温やホルモン分泌など、身体の基本的な機能は約24時間周期で動いている。このリズムのことをさし、概日リズムとも呼ばれる。

図 14-5　過度のトレーニングによる副作用

運動パフォーマンス

うつ病／不安

感染

胃腸炎
腸透過性低下による
機能障害

炎症

出典　Wosinska L et al: The potential impact of probiotics on the gut microbiome of athletes.
　　　Nutrients. 11: 2270, 2019

クスが同一の作用を示すわけではない。例えば、腸内には乳酸菌よりもビフィ
ズス菌のほうが非常に多く生息していることから、整腸作用を期待する場合
はビフィズス菌といった選択肢が考えられる。2021 年の研究ではアルツハ
イマーなどの認知機能低下を予防するビフィズス菌も報告[17] されており、
今後もさらなる機能性が明らかになっていくと予想される。市場には数多く
のプロバイオティクス商品が存在しているが、一般消費者が誤解している
ケースも少なくない。マスメディアに踊らされることなく、査読つきの学術
論文として報告された、適正なエビデンスが蓄積されているプロバイオティ
クスを摂取することが、コンディショニングには重要といえるだろう。

引用文献

1 ）Clarke SF et al: Exercise and associated dietary extremes impact on gut microbial
　　diversity. *Gut*. 63:1913-1920, 2014
2 ）Barton W et al: The microbiome of professional athletes differs from that of more
　　sedentary subjects in composition and particularly at the functional metabolic level.
　　Gut. 67:625-633, 2018
3 ）Petersen LM et al: Community characteristics of the gut microbiomes of competitive
　　cyclists. *Microbiome*. 5:98, 2017
4 ）Scheiman J et al: Meta-omics analysis of elite athletes identifies a performance-
　　enhancing microbe that functions via lactate metabolism. *Nat Med*. 25:1104-1109,
　　2019
5 ）Przewłócka K et al: Gut-Muscle AxisExists and May Affect Skeletal Muscle Adaptation
　　to Training. *Nutrients*. 12:1451, 2020

6) Yang Q et al: Role of Dietary Nutrients in the Modulation of Gut Microbiota: A Narrative Review. *Nutrients*. 12:381, 2020

7) Voigt RM et al: Circadian Disorganization Alters Intestinal Microbiota. *PLoS One*. 9:e97500, 2014

8) 福田真嗣編、小田巻俊孝『もっとよくわかる！　腸内細菌叢―健康と疾患を司る"もう１つの臓器"―』羊土社　2019年　p.51

9) Jang LG et al: The combination of sport and sport-specific diet is associated with characteristics of gut microbiota: An observational study. *J Int Soc Sports Nutr*. 16:21, 2019

10) Mailing LJ et al: Exercise and the Gut Microbiome: A Review of the Evidence, Potential Mechanisms, and Implications for Human Health. *Exercise and Sport Sciences Reviews*. 47:75-85, 2019

11) Durk RP et al: Gut Microbiota Composition Is Related to Cardiorespiratory Fitness in Healthy Young Adults. *Int J Sport Nutr Exerc Metab*. 29:249-253, 2019

12) Estaki M et al: Cardiorespiratory fitness as a predictor of intestinal microbial diversity and distinct metagenomic functions. *Microbiome*. 4:42, 2016

13) Bressa C et al: Differences in gut microbiota profile between women with active lifestyle and sedentary women. *PLoS One*. 12:e0171352, 2017

14) Allen JM et al: Exercise alters gut microbiota composition and function in lean and obese humans. *Med Sci Sports Exerc*. 50:747-757, 2018

15) Dokladny K et al: Physiologically relevant increase in temperature causes an increase in intestinal epithelial tight junction permeability. *Am J Physiol Gastrointest Liver Physiol*. 290:G204-212, 2006

16) Wosinska L et al: The potential impact of probiotics on the gut microbiome of athletes. *Nutrients*. 11:2270, 2019

17) Xiao JZ et al: Probiotic Bifidobacterium breve in Improving Cognitive Functions of Older Adults with Suspected Mild Cognitive Impairment: A Randomized, Double-Blind, Placebo-Controlled Trial. *J Alzheimers Dis*. 77:139-147, 2020

学びの確認

①腸内細菌は、大腸の疾患だけでなく肝臓や腎臓といったその他の臓器の疾患や、
（　　　　　　　　）や（　　　　　　　　）などの全身症状、（　　　　　　　　）との
発症と関連があるといわれている。

②アスリートの腸内細菌は、棲んでいる菌の（　　　　　　）だけではなく、様々な
（　　　　　　　　）にも違いがある。

③ボストンマラソンに参加した選手の腸内細菌研究から、（　　　　　）を消費して
（　　　　　　　　　）を産生する腸内細菌が長距離選手のパフォーマンス向上に寄
与していることが示唆されている。

④（　　　　　　　　　　）や（　　　　　　　　）は腸内細菌のエサになりやすく、短
鎖脂肪酸量を増加させる。

⑤腸内細菌叢は細菌種が（　　　　　）ほど、外部からの影響を受けた際そのバランス
を崩しにくいことから健康な状態と考えられているが、（　　　　　　）食や（
　　　　　）食ではこの多様性が低下してしまう。

⑥アスリートのトレーニングは強度が高く、適度な運動とは逆に腸内細菌叢の（
　　　　　）を低下させ、（　　　　　）を誘発するような細菌群が増加してしまう恐れ
が研究結果から示唆されている。

⑦強度の高いトレーニング後に起こり得る症状（弊害）を予防・軽減する解決策とし
て注目されているのが（　　　　　　　　　　　　　　）の摂取である。

サプリメントを適切に活用するために

なぜこの章を学ぶのですか？

　サプリメントは、様々な種類が開発されており、いつでも、手軽に摂ることができます。一方で、そのように身近なものであるからこそ正しい知識で適切に選択することも求められています。

第15章の学びのポイントは何ですか？

　サプリメントの分類や、実際に摂取する際に、確認しなければならないこと、連携をとれる栄養専門職の存在を理解することが重要なポイントになります。また、ドーピングに関する基礎知識やサプリメントの安全性についても学び、活用できるようになりましょう。

＼ 考えてみよう ／

① サプリメントはどんなときに利用するものだろうか？

② 自分が飲んでいる、または飲んだことがあるサプリメントを1つ挙げて、それを飲んでいた理由は何か、ふりかえってみよう。

Case 陸上短距離選手のサプリメント活用による増量計画

栄養サポートとサプリメント活用の背景

　I選手は、100 m走日本新記録を目標にする陸上短距離のトップレベル選手である。シーズンオフ期にはレジスタンストレーニングに取り組み、競技力向上のための増量を希望している。プロフィールによると、トラック練習とレジスタンストレーニングのセッションが組まれていることからエネルギー消費量も多く、食事のみでは必要量を摂ることが難しいと判断した。エネルギー摂取量と筋たんぱく質合成のためのたんぱく質摂取量をレジスタンストレーニング後に強化する必要があり、サプリメントの活用を検討した。

I選手のプロフィール

▶ 23歳男性。実業団チームに所属し、競技中心のライフスタイル。
▶ オフシーズン期はトラック練習週4回（午前）、レジスタンストレーニング週3回（午後）。
▶ 推定するエネルギー消費量は多く、実際の食事内容と照らし合わせると不足している状態。
▶ 競技力の向上につながると思われることは積極的に吸収しようとする貪欲さと、自ら考え主体的に取り組む姿勢がある。

アセスメントおよび課題

　問診、周径囲の測定、皮下脂肪厚の測定（ISAK）、生体電気インピーダンス法（TANITA MC-980A）、3日間食事調査、1週間生活実態調査、要因加算法による推定エネルギー消費量の算出を行い、得られた主な課題は、以下の3つであった。
課題❶ 朝食のエネルギー摂取量が低い。
課題❷ 特にレジスタンストレーニングの補食を中心に、計画的に食べていない。
課題❸ たんぱく質摂取量が1日平均で1.2 g/kgと低い。

栄養サポートの目標と内容

　たんぱく質を体重1 kgあたり0.3 g補給できるようサプリメントの活用を検討し、また、朝食のエネルギー摂取量の増大を目標とした。
▶ レジスタンストレーニング後に、ホエイプロテインを補食の内容の1つとして利用する Point 。
▶ 朝食のエネルギー摂取量の目安を指導し、食品の選択についての栄養教育を行った。

> Point ホエイプロテインの利用にあたり p.202 図 15-2 のフローチャートに基づいて確認を行った。さらに製造企業にドーピングコントロール対象選手であることも伝えた上で、内容の安全性や信頼性を確認し、それを記録して利用した。

1 サプリメントと分類

サプリメントは、主に栄養素を補うものとして補給が検討され、その分類は各国で様々である。わが国では健康食品と医薬品を明確に分類しており、競技スポーツにおいても目的によって分類は異なる。

1 サプリメントとは

サプリメントは、栄養補助食品とも呼ばれ、主に栄養素を「補う（supplement）」ものとして販売されている。国際オリンピック委員会は、競技スポーツにおけるサプリメントを健康やパフォーマンス発揮のために、通常の食事に加えて、意図的に摂取する食品、食品成分、栄養素もしくは化合物[1]と定義している。また、わが国では厚生労働省が「健康食品」として法律上の定義はなく、広く健康の保持増進に資する食品として販売・利用されるもの全般と示している。このように、競技スポーツや健康の観点から異なる表現はあるものの、本章ではこれらをまとめてサプリメントととらえることとする。

サプリメントは、ビタミンやミネラル、たんぱく質、アミノ酸、糖質などの必須栄養素をはじめ、植物由来の成分や漢方など、非常に多様である。また、医薬品[*1]とは異なるため、安全性の担保や、飲用する目的に適しているかなどを確認することなく、インターネットを通じて世界各国のサプリメントを手軽に入手することができる。したがって、特定の成分の過剰摂取や、ドーピング禁止物質の摂取リスクなども考えられるため、正しい知識を身につけて活用することが求められる。

2 サプリメントの分類

サプリメントは、各国や機関によってとらえ方や市場も異なっており、明確に分類する世界共通の方法は存在しないと考えられる。

わが国では、図 15-1 のように医薬品とは区分されている。健康食品に分類される保健機能食品は、「おなかの調子を整えます」「脂肪の吸収をおだやかにします」など、特定の保健の目的が期待できる（健康の維持および増進に役立つ）食品であり、一定の基準を満たす場合にその栄養成分の機能を表示

*1 医薬品
人や動物の疾病の診断、治療・予防に使用されることが目的であるもの。また、人や動物の身体の構造・機能に影響を及ぼすことが目的とされているものである。
医薬品の定義については、薬機法（旧薬事法）第2条に定められている。

図 15-1　健康食品と医薬品の分類

★1 機能性表示食品
　国の定めるルールに基づき、事業者が食品の安全性と機能性に関する科学的根拠などの必要な事項を販売前に消費者庁長官に
　届け出れば、機能性を表示することができる。ただし、国が審査を行わないため、事業者は自らの責任において科学的根拠を
　基に適正な表示を行うことが求められている。
★2 特定保健用食品
　身体の生理学的機能などに影響を与える保健効能成分（関与成分）を含み、その摂取により、特定の保健の目的が期待できる
　旨の表示（保健の用途の表示）をする食品。食品ごとに有効性や安全性について国の審査を受け、許可を得なければならない。

出典　厚生労働省「いわゆる「健康食品」のホームページ」
　　　https://www.mhlw.go.jp/stf/seisakunitsuite/bunya/kenkou_iryou/shokuhin/hokenkinou/index.html、健康増進法第 43
　　　条第 1 項をもとに筆者作成

することができる制度になっている。また、医薬品は疾病の治療や予防に対
する効果効能を謳うことができるが、健康食品は保健機能食品制度に基づい
た表示や表現にとどまるという点でも明確に分類されている。

　一方、競技スポーツの観点では、国際オリンピック委員会がスポーツジェ
ルやドリンク、バー等をスポーツフーズ、栄養補助を目的としたものをメディ
カルサプリメント、パフォーマンスの向上を目的としたものをエルゴジェ
ニックエイド、そして健康の維持や身体の調子を整えることを目的としたも
のをヘルスサプリメントとして 4 つのカテゴリーに大きく分類をしている
（**表 15-1**）[1]。

　例えば、スポーツフーズは、食事では補給しきれない場合に活用すること
がある。アスリートは一般の人と比較すると、エネルギー量やビタミン、ミ
ネラル等の必要量が増加することがあり、具体的には、除脂肪量の増加や月
経周期の黄体期におけるトレーニング、寒暖への適応、ストレス、高地等、
特殊な状態や環境で増加する[2]。また、メディカルサプリメントやヘルスサ
プリメントは、主にビタミンやミネラル等の欠乏を予防し、低栄養状態を改
善することを目的として使用することができる。一方で、エルゴジェニック
エイドは、アスリートとして熟練しており、良好なトレーニングやリカバ
リー、栄養補給が実現できていることを前提に、さらにわずかなパフォーマ
ンス向上を追求する目的で使用を検討するべきとされている[1]。

表 15-1　国際オリンピック委員会の声明に基づくサプリメントの分類

スポーツフーズ	メディカルサプリメント
スポーツドリンク エナジードリンク スポーツジェル スポーツ菓子 電解質 プロテイン スポーツバー たんぱく質強化食 液体食	ビタミン D 鉄 カルシウム
	ヘルスサプリメント
エルゴジェニックエイド	ビタミン D プロバイオティクス ビタミン C 糖質（ドリンク、ジェル） ポリフェノール（ケルセチン等） 亜鉛 グルタミン カフェイン エキナセア（ハーブ） オメガ-3 脂肪酸 ビタミン E
カフェイン クレアチン 硝酸塩 β-アラニン 重炭酸塩 HMB	

出典　Maughan RJ et al: IOC consensus statement: dietary supplements and the high-performance athlete. *Br J Sports Med.* 52: 439–455, 2018 をもとに筆者作成

2 適切にサプリメントを利用するポイント

サプリメントを適切に利用するためには、自身の栄養状態を把握することと、ドーピング防止の観点に気をつけることが大切である。サプリメントを利用する場合は、利用の目的を明確にした上で、自身の必要性を判断することが重要である。

1 栄養状態の把握　―栄養アセスメント―

サプリメントを適切に利用するためには、自身の栄養状態を把握することが重要である[3]。表 15-2 は栄養状態を把握するために、管理栄養士やスポーツ栄養士が実施する栄養アセスメント[*2] の概要をまとめたものである。食事内容はもちろん、身体組成や血液、尿、受傷歴、エネルギー消費量やトレーニング計画、生活習慣など様々な側面から体系的にとらえる必要がある。

＊2　栄養アセスメント
詳細な栄養状態の評価のことであり、栄養状態や疾患の重症度、体重や身体組成の変化、食事歴、薬歴などの様々な情報を総合的にとらえる手法の総称である。

表 15-2　栄養状態を把握するための ABCDE アセスメントの概要

A：Anthropometric	身長、身体組成、周径囲、座高、BMI
B：Biochemical	血液検査、尿検査、便検査、妊娠・妊孕性検査
C：Clinical	受傷・病歴、フィジカルテスト、服用中の薬、サプリメントの摂取状況
D：Dietary	食事の量、質、タイミング ※実践的アプローチを行う上で、最も軸となる項目 　ABCE の変動要因を踏まえて決定され、クライアントに提供される
E：Environmental	エネルギー消費レベル、年間トレーニング計画とピーキング、気温や湿度・高度 スポーツ・競技の文化や背景、遠征、仕事 / 学校、家族 / 生活環境、競技の経験年数

出典　Sundgot-Borgen J et al: How to minimise the health risks to athletes who compete in weight-sensitive sports review and position statement on behalf of the Ad Hoc Research Working Group on Body Composition, Health and Performance, under the auspices of the IOC Medical Commission. *Br J Sports Med*. 47: 1012–1022, 2013 をもとに筆者作成

2　アンチ・ドーピングの理解

　ドーピングは、スポーツにおいて禁止されている物質や方法によって競技能力を高め、自分だけが優位に立ち、勝利を得ようとする行為と定義づけられている。またアンチ・ドーピングは、世界ドーピング防止規程（WADA-Code[*3]）が、教育・啓発や検査といった様々な活動によって、クリーンで公正なスポーツを守るための活動と位置づけている。

　サプリメントを適切に利用する前に、アンチ・ドーピングについては十分に考慮する必要がある。わが国では、平成 30（2018）年にドーピング防止活動を推進し、スポーツを行う者の心身の健全な発達及びスポーツの発展に寄与することを目的とした、スポーツにおけるドーピング防止活動の推進に関する法律[*4] が施行された。したがって、摂取するものはサプリメントに限らず安全で信頼できる情報源から選ぶことが求められている。

　国際オリンピック委員会は、サプリメントの安全性や信頼性、有効性を担保した上で実際に利用するためのフローチャートを示している（図 15-2）。特にアスリートが利用するサプリメントの品質信頼性や安全性については、不十分な製造過程と品質管理の観点から問題視されており[4)]、適切に利用するためにも、このようなプロセスをたどり、目的を理解した上で利用を検討することが重要である。

*3　WADA-Code
すべての国や政府は、ユネスコ規約に位置づけられている WADA-Code を推進しなければ、五輪に参加することができず、おおよそ 5 年から 6 年で改訂がなされる。2021 年 1 月の改訂では、「教育に関する国際基準」が初めて示され、一層、アンチ・ドーピング教育を推進することが示された。

*4　スポーツにおけるドーピング防止活動の推進に関する法律
平成 30 年法律第 58 号。略称は、ドーピング防止活動推進法。

図 15-2 ドーピング規則違反のリスクを低減させた上で、エルゴジェニックエイドを使用するためのフローチャート

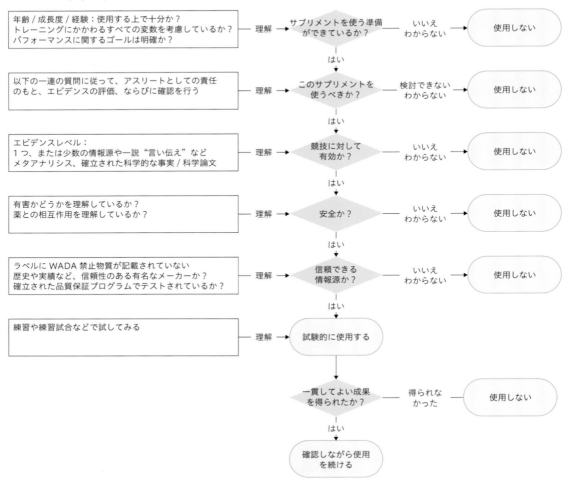

出典　表 15-1 に同じ文献をもとに筆者作成

3 サプリメントの利用判断と注意点

　サプリメントの世界的な消費量や市場は継続的に増加している [5, 6]。また研究開発も発展し、様々なエビデンスが発信され続けている。しかし、使用する目的を明確にせず、スポンサーシップの関係性や別のアスリートが利用しているからといった理由で、安易な利用実態が想定される（表 15-3）。繰り返しにはなるが食事の摂取量や、栄養状態に関連する情報をある程度把握してからでなければ、サプリメントの種類や量を決定することは困難である。

　表 15-4 は、サプリメントの利用を控えた方がよい状況を、特に安全性やドーピングの観点から簡潔にまとめている。もし仮にこれらの問題が未解決

表 15-3 **アスリートがサプリメントを利用する理由**

1. 栄養素が欠乏し、健康やパフォーマンスを損なう可能性があるため
2. 運動中にエネルギーや栄養素を手軽に、かつ実用的に補給しなければならないため
3. 競技で勝つために、さらにパフォーマンスの向上につなげる必要があるため
4. 効果的なトレーニングやリカバリー、ウエイトコントロール、傷害予防につなげる必要が
   あるため
5. スポンサーシップの関係性で無料で提供され、利用する必要があるため
6. 万が一に備えて保険的にとる必要があるため
7. 他のアスリートが利用しており、それを信じているため

出典　表 15-1 に同じ文献をもとに筆者作成

表 15-4 **サプリメントの利用を控えた方がよい状況**

1.　商品製造上の問題	2.　ドーピング規則違反の問題
・エビデンスの証明がない ・安全性評価の結果を公表していない ・品質保証が示されていない ・ラベル表示がない	・アスリート自身がラベル表示を理解できない ・表示にない物質の混入が予測される場合 　※特に他国で製造されている商品など

出典　表 15-1 に同じ文献をもとに筆者作成

表 15-5 **健康食品を利用する場合の注意事項**

1. 自身の栄養状態を把握した上で商品に含まれる栄養成分表示を確認し、過剰摂取にならな
   いように注意する
2. 広告のキャッチコピーや利用者の体験談のみを信用するのではなく、自分自身で成分の安
   全性と有効性に関する情報を理解する
3. 友人・知人から得た情報などは、情報源をたどって正確な情報かを確認する
4. 製品の品質等を確認するための、製品中の個別の含有量、製造者や問合せ先が明記してあ
   ることを確認する
5. 自身の判断で推奨量よりも多く摂取したり、医薬品のように効果を期待して摂取しない
6. 事前に医師・薬剤師・管理栄養士・スポーツ栄養士などに相談することを心掛ける
7. 価格に捉われずに、安全性や有効性、自身の摂取目的との整合性など正しい情報を見極め
   て選択する

出典　表 15-1 に同じ文献をもとに筆者作成

であれば、利用する前に公認スポーツファーマシスト[*5] に確認をとること
が有効である。また、商品の治療薬との飲み合わせが不明瞭な場合も同様で
ある。公認スポーツファーマシストは、ウェブページを通して、地域や競技
スポーツ、特性に応じて検索することもできる。それでもコンタクトがとれ
ない場合は、表 15-5 などを参考に、自身で選択する際の最低限の注意点を確
認して活用してほしい。

　なお、サプリメントの代替となる食品があるかを検討することも大切であ
る。例えば、海藻類は疾患の予防と持続可能な資源の観点から、ミネラルを
中心とした栄養補助食品の潜在的な代替食品として着目されている[7]。乳製
品や乳飲料は、プロテインサプリメントやプロバイオティクスの代替食品と
して活用も検討できる。また、ドライフルーツや果物は、簡単な炭水化物の

＊5　公認スポーツ
ファーマシスト
最新のアンチ・ドーピ
ング規則に関する知識
を有する薬剤師。薬剤
師の資格を有した方
が、JADA の定める所
定の課程（アンチ・ドー
ピングに関する内容）
終了後に認定される資
格制度。

補給にも役立つ。ドーピングの観点や、経済的な状況など何らかの理由でサプリメントを準備できないことも想定される。継続的に摂取できるものか、補給できる内容でエビデンスに近い栄養素を補給できるものは何かなど、実際に試しながら、代替食品を確立していくことも実用的な観点から考えると大切かもしれない。

引用文献

1）Maughan RJ et al: IOC consensus statement: dietary supplements and the high-performance athlete. *Br J Sports Med*. 52: 439-455, 2018

2）Manore MM and Thompson JL: Energy requirements of the athlete: assessment and evidence of energy efficiency. in L Burke & V Deakin (eds), *Clinical Sports Nutrition. 5th ed*. Sydney, Australia: McGraw Hill: 114-139, 2015

3）Sundgot-Borgen J et al: How to minimise the health risks to athletes who compete in weight-sensitive sports review and position statement on behalf of the Ad Hoc Research Working Group on Body Composition, Health and Performance, under the auspices of the IOC Medical Commission. *Br J Sports Med*. 47: 1012-1022, 2013

4）Bruno, RB et al: Quality Control of Protein Supplements: A Review. *Int J Sport Nutr Exerc Metab*. 31: 369-379, 2021

5）Lukacs M et al: Near infrared spectroscopy as an alternative quick method for simultaneous detection of multiple adulterants in whey protein-based sports supplement. *Food Control*. 94: 331-340, 2018

6）Garthe I: Dietary supplements and elite athletes-when nature becomes high-risk. *Current Opinion in Endocrine and Metabolic Research*. 9: 66-73, 2019

7）Apurav K et al: Microalgae: A potential alternative to health supplementation for humans. *Food Science and Human Wellness*. 8: 16-24, 2019

参考文献

消費者庁「健康食品」
　https://www.caa.go.jp/policies/policy/consumer_safety/food_safety/food_safety_portal/health_food/
消費者庁「食品表示企画─食品表示制度が消費者の食卓を守ります─」
　https://www.caa.go.jp/policies/policy/food_labeling/
日本アンチ・ドーピング機構「アンチ・ドーピングとは」
　https://www.playtruejapan.org/about/
日本スポーツ協会「スポーツドクター・スポーツデンティスト・スポーツ栄養士検索」
　https://www.japan-sports.or.jp/coach/DoctorSearch/tabid75.html
日本アンチ・ドーピング機構「公認スポーツファーマシスト検索」
　http://www3.playtruejapan.org/sports-pharmacist/search.php

学 び の 確 認

（　　　　　　）に入る言葉を考えてみよう。

①サプリメントは、（　　　　）や（　　　　　　　　　　　　　　）のために、通常の食事に加えて、意図的に摂取する食品、食品成分、栄養素もしくは化合物のことと定義されている。

②（　　　　　　　　　　）は、「おなかの調子を整えます」「脂肪の吸収をおだやかにします」など、特定の保健の目的が期待できる（健康の維持および増進に役立つ）食品である。

③（　　　　　　）は疾病の治療や予防に対する（　　　　　　）を謳うことができるが、（　　　　　　　）は保健機能食品制度に基づいた表示や表現にとどまるという点でも明確に（　　　　）されている。

④国際オリンピック委員会の声明では、競技スポーツにおけるサプリメントを（　　　　　　　　　　）、（　　　　　　　　　　　　）、（　　　　　　）、（　　　　　　　　　　　）に分類している。

⑤サプリメントを適切に利用するためには、（　　　　　　　　　　）を把握することが重要である。

⑥ドーピングは、スポーツにおいて禁止されている（　　　　）や（　　　　）によって（　　　　　　　）を高め、自分だけが優位に立ち、勝利を得ようとする行為である。

⑦アンチ・ドーピングは、（　　　　　　　）で（　　　　　）なスポーツを守るための活動と位置づけられている。

学びの確認（解答）

第Ⅰ部
第1章
①人類の文化
②代謝、日常生活を営むこと
③増量、減量
④熱中症の予防
⑤競技力向上、人間力育成
⑥健康、幸福
⑦自己管理能力
⑧生きる上での基本
⑨自律性、有能感
⑩認知、情動

第2章
①減る
②基礎代謝量
③過小
④身体活動レベル、PAL
⑤消化
⑥グリコーゲン
⑦たんぱく質
⑧体重
⑨タイムテーブル
⑩補食

第Ⅱ部
第3章
①糖質、食物繊維
②単糖、重合度、多糖類
③エネルギー源
④血糖、グリコーゲン
⑤上昇、空腹、低下
⑥ピルビン酸
⑦骨格筋、心筋
⑧グリコーゲンローディング
⑨ 1.0 ～ 1.2 g/ 時
⑩グリセミック・インデックス

第4章
① 20、アミノ酸
②必須
③筋肉
④胃、膵臓、小腸、消化、吸収
⑤ 1.4、2.0
⑥ 3
⑦肉、魚介、豆、卵、乳
⑧ 100、脂質
⑨穀
⑩牛乳

第5章
①水、有機溶媒
② n-3 系、n-6 系、必須
③細胞膜
④脂溶性
⑤トリアシルグリセロール
⑥心臓
⑦ 20、30
⑧和菓子
⑨トランス脂肪酸
⑩中鎖脂肪酸

第6章

①補酵素

②水溶性

③食事

④ビタミン B_1

⑤葉酸

⑥ビタミン C

⑦ビタミン D

⑧ビタミン K

⑨アリシン

⑩動物性食品

第7章

①必須ミネラル

②微量ミネラル

③ビタミン C、タンニン

④筋収縮、神経伝達

⑤藻、魚介

⑥皮膚炎、味覚障害

⑦鉄欠乏性貧血

⑧血清フェリチン、血清鉄、ヘモグロビン

⑨前潜在性鉄欠乏

⑩十分なエネルギー量

第Ⅲ部

第8章

①選手

②監督、コーチ

③実施

④保護者

⑤視察

⑥セルフモニタリング

⑦トレーニング

第9章

①発育、発達

②早

③成長の分

④カルシウム、ビタミン D、ビタミン K

⑤鉄

⑥食事バランスガイド

⑦食育基本法

第10章

①健康、栄養状態、競技パフォーマンス

②栄養教育

③つけない、増やさない、やっつける

④手洗い、消毒、体調管理

⑤アナフィラキシー

⑥命

⑦コンタミネーション

第 11 章
①持続性、インターバル、レペティ
　ション、インターミッテント
②筋肥大、筋力増強、パワー増強
③レプチン、グレリン
④ GIP、GLP-1
⑤インスリン、成長ホルモン、IGF-1
⑥コルチゾール
⑦アドレナリン、ノルアドレナリン

第 12 章
①生物的、心理的、社会的、病い
②利用可能エネルギー
③視床下部性無月経、骨粗鬆症
④栄養、運動
⑤エストロゲン
⑥ IGF-1
⑦無月経

第IV部
第 13 章
①湿度
② WBGT、湿度、日差し
③熱中症
④熱射病、熱疲労、熱失神、熱けいれん
⑤発汗、脱水状態
⑥低ナトリウム血症
⑦冷水浸漬、アイスタオルによる冷却

第 14 章
①循環器系疾患、アレルギー、精神疾
　患
②違い、代謝経路
③乳酸、プロピオン酸
④水溶性食物繊維、オリゴ糖類
⑤多い、高脂肪、低食物繊維
⑥多様性、炎症
⑦プロバイオティクス

第 15 章
①健康、パフォーマンス発揮
②保健機能食品
③医薬品、効果効能、健康食品、分類
④スポーツフーズ、メディカルサプリ
　メント、エルゴジェニックエイド、
　ヘルスサプリメント
⑤自身の栄養状態
⑥物質、方法、競技能力
⑦クリーン、公正

索　引

ケースで学ぶスポーツ栄養学

2022 年 9 月 10 日　初版第 1 刷発行

編　著　者	清野隼・虎石真弥・山口太一
発　行　者	竹鼻均之
発　行　所	株式会社みらい
	〒500-8137　岐阜市東興町40 第 5 澤田ビル
	TEL 058-247-1227（代）
	FAX 058-247-1218
	https://www.mirai-inc.jp
装丁・本文デザイン	小久保しずか
イラスト	MiMi
印刷・製本	株式会社　太洋社

ISBN978-4-86015-581-0　C3075　Printed in Japan
乱丁本・落丁本はお取り替え致します。